EXPOSITION UNIVERSELLE DE CHICAGO
1893

ORGANISATION

ET

INSTITUTIONS SANITAIRES

DE LA

RÉPUBLIQUE ARGENTINE

PAR

Le Docteur TIBURCIO PADILLA (fils)

EX-SECRÉTAIRE
DE L'ASSISTANCE PUBLIQUE DE TUCUMAN PENDANT L'ÉPIDÉMIE DE CHOLÉRA DE 1886-87,
EX-INTERNE DES HOPITAUX DE BUENOS AIRES
EX-CHIRURGIEN DE PREMIÈRE CLASSE DE LA FLOTTE NATIONALE
EX-SECRÉTAIRE GÉNÉRAL
DU DÉPARTEMENT NATIONAL D'HYGIÈNE,
MEMBRE DE LA SOCIÉTÉ MÉDICALE ARGENTINE, MEDECIN CONTROLEUR
DU CONSERVATOIRE NATIONAL DE LA VACCINE,
PROFESSEUR DES SCIENCES NATURELLES À L'ÉCOLE NORMALE DE BUENOS-AIRES, ETC., ETC.

BUENOS AIRES

IMPRENTA Y CASA EDITORA "ARGOS", CUYO 657 Y 663

1893

PROLOGUE

―――

Répondant à la flatteuse invitation qui nous a été faite par le Président de la Commission de la représentation nationale à l'Exposition Universelle de Chicago ainsi que par plusieurs chefs d'institutions sanitaires des Etats-Unis d'Amérique, nous nous proposons d'esquisser en quelques pages l'organisation hygiénico-sanitaire de la République: à cet effet, nous présenterons une revue assez détaillée des institutions qui ont une importance particulière, afin que les autres nations, qui doivent apporter leur concours à ce beau tournoi de l'intelligence et du travail, puissent se former une idée approximative des progrès réalisés par le pays dans ces derniers temps, et remplacer ainsi les connaissances insuffisantes et inexactes, qu'on possède jusqu'à présent relativement à cette matière, si intimement liée au bien-être des villes.

C'est en considérant le devoir moral, qui incombe à chaque citoyen, de contribuer au succès de la représentation de la patrie, que nous nous sommes décidé à entreprendre cette étude, presque sans avoir le temps ni les éléments nécessaires; car, jusqu'à présent il n'a pas été fait sur cette matière de travail qui puisse nous servir de guide. Les opuscules présentés aux autres expositions par des personnes distinguées, composés aussi à la hâte, ne font que résumer les derniers progrès de la science, sans les rattacher aux premiers mouvements de réaction, ou pour mieux dire, de développement des premiers temps. Il est vrai que les auteurs n'avaient pas eu d'autre but, et il faut convenir que le succès a couronné leurs efforts; car, à la clarté de la description ils ont joint une abondance de détails remarquable et une érudition telle qu'on devait l'attendre d'hommes d'étude et d'expérience.

Ainsi donc, les études analogues, ou, pour mieux dire, faites pour le même motif et dans le même but que celle-ci, —excepté celle du docteur Coni, qui a obtenu un prix au Congrès international de Vienne en 1887,—ne peuvent nous servir de règle, car quelque complètes qu'elles soient, elles sont très abrégées. Par conséquent, nous nous trouvons obligé d'adopter un plan, sinon entièrement neuf, au moins semblable, eu égard à la brièveté, à celui que nous avons suivi dans le GUIDE MÉDICAL imprimé en 1890.

Naturellement, tout gravite autour de la capitale, ville relativement considérable, de plus d'un demi-million d'habitants, européenne par les mœurs et *yankee* par les progrès surprenants qu'elle ne cesse de réaliser—aimant immense qui exerce une attraction irrésistible, faisant vivre les provinces de sa vie et les entraînant dans la sphère où elle s'agite elle-même.

D'ailleurs, Buenos-Aires est le port le plus important de tout le pays et peut-être de l'Amérique du Sud; c'est là qu'on voit aborder les navires encombrés de travailleurs, qui, tout en apportant de nouveaux éléments de richesse, n'en constituent par moins un perpétuel danger pour la santé publique,. puisque l'homme, puisque les masses humaines entassées dans les compartimeuts humides. et obscurs des *transatlantiques* peuvent lui apporter aussi les germes des affections exotiques.

Mais ce n'est pas tout: Le Brésil est là. avec ses ports. parmi lesquels, il· faut signaler. surtout .Rio-Janeiro) et Santos, où la fièvre jaune est endémique; et le Brésil est;un ennemi formidable, grâce à la faible. distance ,qui nous sépare de lui, distance qui est encore abrégée.par la, rapi-dité. des pyroscaphes et les relations commerciales qui deviennent de plus en plus actives.

Par conséquent,·outre sa propre importance·qui.lui donne droit à tous les progrès de la science .hygiénique, cette science de l'avenir, Buenos-Aires a .à .se: défendre énergiquement contre des ennemis dont l'été vient, qua-drupler la puissance. Telles sont les considerations qui nous font lui donner la préférence; .elle est la tête du pays; elle répond de la santé publique de ses sœurs ; en consé-quence elle doit avoir un service sanitaire parfaitement organisé, car, outre la tâche si noble et si difficile 'qui lui incombe de repousser l'ennemi extérieur, elle doit veil-ler aussi.sur l'ennemi intérieur, les endémies, qui sont le résultat de la densité de la population, surtout de celle qui s'entasse dans les *conventillos* [1] et tant d'autres établissements insalubres.

Cela ne veut pas dire que les provinces aient oublié que ce qui fait la richesse, c'est la santé des habitants; il est vrai qu'elles ne possèdent pas encore toutes les institutions modernes, mais cela tient à ce que la nécessité ne s'en est pas encore fait réellement sentir.

Garanties contre l'ennemi extérieur par Buenos-Aires, qui doit subir le premier choc et jeter le cri d'alarme, elles n'ont eu à se préoccuper que de leurs maux internes, mais toujours sans oublier que le choléra ne s'arrête pas devant les rivières, qu'il saute par dessus les montagnes et franchit les barrières les plus insurmontables. A cet égard, elles ont aussi leurs éléments de défense, comme Tucuman et Salta qui se sont mises à construire des lazarets au sortir de l'épidémie de 1886—87.

Et, chose particulière! Il semblerait que les peuples eussent à subir de sanglantes leçons pour songer à l'hygiène! Presque toutes les villes de la République ont payé leur tribut plus ou moins onéreux aux épidémies; mais c'est aussi grâce à elles qu'elles ont créé la plupart des institutions ayant pour but de les repousser et de les étouffer au berceau.

Après ces brèves considérations, nous devons exposer le plan que nous nous proposons de suivre.

La capitale avec ses deux grandes institutions sanitaires —Département national d'hygiène et Assistance publique—la capitale, disons—nous, contient tout. Chacune de ces institutions comprend diverses sections auxquelles nous consacrons un chapitre.

Chaque province possède également son service sanitaire interne analogue, si ce n'est, semblable à celui de la capitale: c'est pourquoi nous nous bornons à en faire mention quand l'occasion s'en présente, pour éviter les répétitions ennuyeuses. Rosario, Santa-Fé, etc., ports situés sur les rivières,—Bahia Blanca sur la mer — voilà autant de villes qui devraient, ce semble, avoir, de même que la capitale, un service complet de. défense extérieure; et cependant il n'en est pas ainsi, car, à la moindre menace d'affection exotique, le gouvernement suprême déclare Buenos-Aires unique port accessible.

En temps normal et comme précaution salutaire, ces ports disposent d'un médecin de santé qui va visiter les navires. C'est. là — dirons-nous,— une mesure très pratique par suite de la position topographique, et, si l'on veut, stratégique, du port de Buenos-Aires.

Au chapitre I qui traite de la législation sanitaire, nous rappelons les premières tentatives qui ont été faites pour organiser la défense du Port. Les affections contagieuses, aujourd'hui endémiques, n'étaient pas connues pour la plupart, ou du moins elles n'avaient pas atteint le degré de diffusion qu'elles ont aujourd'hui, à l'exception de la variole, et cela pour des raisons qu'il convient d'exposer. Les autorités du commencement du siècle n'avaient pas à se préoccuper beaucoup des affections exotiques, car il n'y avait pas de motifs pour les craindre. La longueur de la navigation et surtout la rareté des relations commerciales avec les pays susceptibles d'exporter, en même temps que les marchandises et les hommes, des germes pathogènes d'affections inconnues, voilà qui suffisait pour éloigner tout péril. Les endémies elles-mêmes ne pouvaient se propager dans les provinces à cause de l'énormité des distances: elles étaient plus éloignées les unes des autres

que la Plata de la Tamise. «Il fallait plus de six mois
pour aller de Buenos-Aires á Jujuy!»

Ayant, ainsi tracé à grands coups de. pinceau le plan
que nous nous proposons de suivre, nous entrons dans
notre étude; comme on l'a dit avant nous, elle aura,
faute d'autre mérite, l'avantage de l'à-propos et l'importance de la matière — circonstances qui appellent la
bienveillance du lecteur.

Le livre finit par un Essai bibliographique sur l'hygiène qui dénote un fait bien propre à nous enor-
gueillir: l'intérêt qui, pendant le derniérs temps, a porté
les hommes d'étude à s'occuper de cette science.

TIBURCIO PADILLA, fils.

Buenos-Aires, le 17 octobre 1892.

LA LÉGISLATION SANITAIRE

(HISTORIQUE)

Le progrès réel de la science hygiénique, conformément à un plan sérieux et bien médité, ne date, à proprement parler, que d'une dizaine d'années ; auparavant, tout se réduisait à des essais plus ou moins bien intentionnés : ces temps-là ne permettaient pas de penser à la santé personnelle quand la patrie était en danger. Cependant, les autorités précocupées d'une tâche si noble et si difficile, —celle qui consistait à organiser un pays qui venait de secouer le joug, n'avaient pas oublié de fixer leur attention sur un point aussi important pour le progrès des peuples.

Vers la fin du siècle dernier, les Espagnols obéissant aux instructions de la Métropole, avaient adopté certaines mesures hygiéniques qui ne manquaient pas d'importance théorique. Mais ces mesures ne reçurent jamais leur exécution, parce que l'importance de l'hygiène n'était pas reconnue, et surtout parce que les mouvements subversifs qui commençaient à se faire sentir absorbaient l'attention du vice-roi. Quelques années plus tard, ce fut la politique qui s'empara des esprits ; en effet, l'état déplorable où se trouvait l'Espagne fournissait l'occasion on ne peut plus favorable pour s'en affranchir, et le fait ne tarda pas à se réaliser.

Cependant, si les autorités ne songeaient à prendre aucune espèce de mesures, l'initiative individuelle ne tarda pas à se faire sentir: on vit les notables tenir des séances pour aviser aux moyens de faire disparaître des bourbiers et des foyers d'infection. Mais ce beau zèle s'éteignit promptement, dès qu'on vit briller les premières lueurs de l'Indépendance.

Ce mouvement, qui devait être sans résultats, fut accompagné d'un autre mouvement plus heureux: c'est de la même époque environ que date la première institution de la Maison d'Enfants trouvés. Elle fut créée en 1783 par le vice-roi Vertiz, qui était un homme à tempérament progressiste.

Pour ne rien oublier, nous devons consigner ici, comme une simple donnée historique, le fait transmis par la chronique, qu'une dame qui demeurait à Sainte Marie de Buenos-Aires, vers le milieu du siècle passé, affligée du sort de ces malheureux enfants, en recueillit plusieurs qu'elle nourrit et éleva à ses dépens. Ce fut cette même dame qui, imitant noblement et poursuivant avec la même persévérance l'œuvre de l'illustre philanthrope Vincent de Paul, influa, ajoute la chronique, sur l'esprit du vice-roi Vertiz pour le déterminer à fonder l'établissement officiel de refuge.

En dehors de ces tentatives, qui se rapportent á l'hygiénisation de la ville, tentatives faites plutôt pour donner de la valeur aux terrains que dans un but sanitaire, à ce que dit un ancien historien, le siècle finit sans qu'il fût institué rien de sérieux en cette matière. Le

pays ne fut pas plus heureux pendant les vingt premières années du siècle courant; les invasions anglaises,
le mouvement de l'an 1810, les luttes et les agitations
qui suivirent et qui aboutirent à la déclaration de l'Indépendance en 1816, et plus tard les difficultés graves
qui surgirent à propos de la forme et de l'organisation
du gouvernement, tout cela absorbait le temps des hommes publics et ne leur permettait pas de songer à la
santé des habitants. D'ailleurs, il n'y avait pas d'affections exotiques à repousser ni d'affections endémiques
à combattre. Ils jouissaient d'une santé à toute épreuve,
ces hommes de fer qui, affrontant les intempéries et les
rigueurs des climats les plus variés, promenèrent l'éten-
dard de la liberté d'une extrémité à l'autre du continent
sud-américain.

Quand les esprits furent calmés par l'organisation du
gouvernement et que les habitants purent se vouer á
la culture féconde de cette terre où l'on venait de jeter
la graine d'une nation vigoureuse, on prit les premières
mesures sanitaires, et ce fut le gouvernement de Rivadavia, homme d'étude et plein de prévision, qui eut le
mérite de les concevoir et d'en ordonner exécution.

Naturellement, ces mesures ne répondaient pas à un
plan sanitaire; il eût fallu pour cela des hommes d'une
préparation spéciale, car, avant de penser à des institutions de cette nature, il fallait organiser celles du mécanisme politique; enfin, on ne connaissait ni l'étiologie
ni la pathogénie de toutes les affections contagieuses,
et c'est pourquoi il n'était pas possible de donner des
instructions prophylactiques pas plus collectives que per-
sonnelles. La science hygiénique se trouvait encore à

l'état d'embryon dans les villes les plus avancées d'Europe; la, chimie, la physique, l'histoire naturelle, sciences sur lesquelles celle-là est basée, et dont on peut dire réellement qu'elles lui ont donné naissance, en étaient encore à leurs débuts. Les précautions contre les affections exotiques devaient être alors proportionnées à l'époque.

Le gouvernement qui venait de se former devait forcément se borner à l'imitation des mesures que l'on prenait chez les vieilles nations,—mesures qui étaient le fruit de l'empirisme plutôt que des notions scientifiques.

C'est au 3 mars 1824 que remonte le premier règlement maritime. Trois jours après, un nouveau décret vint le modifier en y ajoutant des dispositions importantes. Le règlement du port fut approuvé le 13 juin de la même année; il contenait toutes les prescriptions à suivre par les capitaines de navire à leur arrivée au port.

Un brick de guerre mouillé dans le canal extérieur était chargé de faire observer ces dispositions sanitaires.

Par le même décret, on nommait les médecins du port, aux appointements annuels de six cents piastres; leurs fontions étaient à peu près semblables á celles des employés actuels; ils devaient procéder à une visite minutieuse du navire qui venait d'arriver, et, d'après le résultat de leurs investigations, on leur appliquait le traitement correspondant. S'il venait d'un port où régnait quelque épidémie, s'il était lui-même suspect ou infecté, s'il y avait eu des malades à bord, on le soumettait à une quarantaine, et le capitaine du port était chargé de veiller à son isolement. Le médecin de santé faisait immédiatement son rapport au tribunal de Médecine, et celui-ci nommait une commission de deux; trois de ses membres, ou davantage, pour prendre en considération la conduite du médecin visiteur et établir la quarantaine nécessaire. Si la commission spéciale ne prenait pas de résolution, le tribunal, constitué en commission, arrêtait définitivement la marche à suivre en vue des antécédents qu'elle avait pu réunir.

Telles étaient, en somme, les principales mesures de police sanitaire maritime. Peu de temps après, on en prit d'autres, de moindre importance, sur lesquelles nous n'insistons pas parce qu'elles étaient réglementaires de la disposition principale exprimée ci-dessus. Dans les cas non prévus par les règlements, c'était le capitaine du port qui décidait, ou bien le tribunal de Médecine, suivant leur importance.

Quant aux mesures internes, elles n'eurent guère d'importance, outre quelles ne produisirent aucune conséquence ultérieure.

Le service des ordures fut établi d'une manière rudimentaire dans le quartier principal; l'arrosage et le balayage des rues pendant les mois de septembre et d'octobre étaient faits par les habitants intéressés à leur propre bien-être et à leur conservation.

Dans les provinces, on n'avait absolument rien fait dans le sens de l'hygiénisation des populations.

Ces mesures auraient été complétées sous le gouvernement progressiste de Rivadavia, si les agitations politiques n'étaient venues interrompre la paix, la tranquillité dont on avait si grand besoin pour se refaire des fatigues de la lutte de l'Indepéndance. Ce fut pour le même motif que les projets relatifs à la santé publique, tant dans l'ordre interne que dans l'ordre externe, manquèrent de sanction, bien qu'à la rigueur il n'y eût pas urgence immédiate.

La désorganisation du mécanisme institutionnel, ébranlé par les ambitions, ne tarda pas à se faire sentir. Survint le chaos d'où sortit l'odieuse tyrannie de Rosas, aussi prolongée qu'obscure et stérile, non seulement pour le point qui nous occupe, mais encore pour les diverses branches du gouvernement. Cependant, une épidémie de variole, réimportée pour la vingtième fois par le trois-mâts français *Céphalide,* en 1841, vint obliger les autorités à prendre quelques mesures pour faire cesser les plaintes qui retentissaient d'un bout à l'autre du pays. Au demeurant, le vide était complet.

Néanmoins, nous devons dire deux mots des mesures prises par les autorités espagnoles à l'époque de la vice-royauté, et plus tard par les autorités constituées de la Nation, pour conjurer les ravages de la variole qui, depuis trois siècles, s'était répandue sur toute l'Amérique en y déterminant à diverses reprises une mortalité effrayante. Les autochtones n'échappaient pas à l'action de la maladie: on pourrait dire, sans crainte de se tromper que la mortalité était égale á la morbilité. L'explication en est bien simple: vierges par origine du virus, ils offraient un terrain nouveau à la germination féconde du mal. Mais, de même que les habitants des autres parties du monde, ils avaient appliqué leur esprit à la recherche d'un préservatif; après de douloureuses tentatives, ils crurent l'avoir trouvé, mais si malheureusement que, bien loin de prévenir la contagion, ils ne faisaient que la rapprocher. Aujourd'hui même, les habitants des vallées de la province de Salta, quand ils ont à subir les attaques d'une violente épidémie, recueillent les croûtes des malades en voie de desquammation,. et, après les avoir enveloppées d'une toile, ils les mettent en guise d'amulette sur la poitrine des enfants qu'ils veulent préserver. On n'a pas de peine à concevoir les effets de cette croyance enracinée et d'un si étrange prophylactique!

La découverte de Jenner produisit naturellement une véritable révolution dans la médecine. Les nations de la vieille Europe se hâtèrent de la mettre à profit. En un instant l'inoculation, courant de bras en bras, gagna tous les habitants, malgré la violence des attaques dirigées contre elle par des personnes de valeur: les coups qu'on prétendait lui porter n'eurent d'autre résultat que d'en accroître le mérite, tandis que l'attrait de la nouveauté en généralisait la diffusion.

Le roi d'Espagne, qui n'avait cesé de montrer si peu d'intérêt pour ses colonies, et où ses soldats invoquaient son nom pour commettre toute espèce d'excès, compatit cette fois á la souffrance de ses sujets.

Le virus, dont l'efficacité et le mode de conservation n'étaient plus un mystère, devait sous peu de temps franchir l'immense Océan et arriver au nouveau Monde, où ses habitants l'attendaient avec anxiété. En 1803, le docteur Balmis reçut ordre du roi de préparer une expédition qui devait avoir l'honneur d'introduire le «fameux pus»; mais avant elle on vit arriver á Buenos Aires, en juillet 1805, le docteur Carvalho venant de Rio Janeiro où il avait débarqué peu de temps auparavant, avec quatre ou cinq sujets vaccinés. Quant au docteur Balmis, c'est du Pérou, qui était la destination de son expédition, qu'il envoya la vaccine au Chili.

La population de Buenos-Aires, en proie à la détresse et mue par l'attrait bien naturel de la curiosité, fit une réception solennelle au docteur Carvalho. A peine eut-on reçu la vaccine, qu'on se mit à la répandre à Buenos-Aires avec un empressement des plus louables, dit le distingué épidémiologiste docteur Penna, à qui nous empruntons ces détails. C'est ainsi que le 28 juillet 1805, on convoqua à la Forteresse tous les médecins de la Ville pour procéder à la vaccination. A cet effet, on sortit des plaques de verre entre lesquelles il était renfermé le virus qui servit à inoculer premièrement cinq jeunes filles de la maison des enfants trouvés, et l'on continua ainsi jusqu'au 20 août. A cette date, on comptait déjà plus de 200 personnes vaccinées.

En même temps, on publiait dans une petite brochure les principales instructions ayant pour but la pratique et la conservation de la vaccine. Le docteur Saturnino Segurola fut nommé pour la perpétuer dans la vice royauté. Dès qu'il fut en place, ce médecin devint un véritable apôtre, un propagandiste infatigable; personnellement et dans la presse il travailla à entretenir l'enthousiasme pour les inoculations préventives. Il agissait particulièrement sur l'esprit des autorités; il en obtenait des mesures dans le sens de son apostolat. C'est ainsi qu'on voit des ordon_ nances et des arrêtés obligeant toutes les personnes dépendant du gouvernement, employés, soldats, etc., à se faire vacciner, si elles n'avaient pas eu la variole. Parmi ces documents, il s'en trouve un particulièrement remarquable, car il révèle la foi profonde des signataires—Ignacio Alvarez, directeur de l'Etat de Buenos-Aires, et Gregorio Tagle, secrétaire—dans la bonté de la vaccine; foi qui les pousse à formuler des menaces de châtiment contre l'indolence criminelle des personnes qui négligeaient d'employer le préservatif.

En Octobre 1821, Rivadavia lança un décret arrêtant que la vaccine serait administrée dans la campagne par un groupe de pratiquants de médecine; mais il semble que ce service ait manqué de régularité, parce que ceux qui en étaient chargés ne pouvaient cesser d'assiter à leurs cours respectifs sans se faire du tort dans leur carrière. Alors on prit le parti de le confier à des médecins particuliers—auxquels on donnait une rémunération mensuelle de 45 piastres, et qui devaient s'acquitter de leur mission pendant les mois d'avril et de mai en automne, et pendant les mois d'octobre et de novembre au printemps.

- Dans le même décret, il était dit que l'administrateur général de la vacciné à Buenos Aires devait donner les instructions nécessaires pour en assurer le succès; on établissait aussi des sections. Chaque médecin devait séjourner au moins dix jours sur un point et annoncer son arrivée cinq jours d'avance. Le juge de paix était chargé de faire la convocation et d'y amener le plus de monde possible.

Il ne faut pas passer sous silence l'article 11 du décret susdit qui imposait aux vaccinateurs l'obligation de dresser une statistique détaillée.

Peu de temps après, Rivadavia insistait sur ce point délicat d'hygiène publique, convaincu qu'il était que le seul moyen d'arracher à la mort la vie de centaines de

personnes, surtout des enfants, et d'extirper ce mal si
grave qui tant de fois avait promené ses ravages à travers
le pays, c'était la vaccine; et dans cette idée il ordonnait
au chef de police, aux juges et aux commissaires de prendre les mesures les plus efficaces pour combattre l'indolence des habitants de la campagne.

. Toutes les provinces, malgré la distance et la terreur
panique que leur inspirait la petite vérole, payèrent
successivement leur tribut—on peut le dire, par leur faute
même,—car.ies habitants, indolents comme le disait Rivadavia, non seulement ne se procuraient pas le virus,
mais encore ils le repoussaient, comme ils continuent
à le faire aujourd'hui même chez les populations éloignées et même dans les centres importants. De leur
côté, les autorités, sauf de rares exceptions de tentatives isolées, ne travaillaient pas à la propagation de
la vaccine, et ne prêchaient pas d'exemple. Il n'est pas
venu à notre connaissance que Córdoba, qui n'était pas
si éloignée de Buenos Aires, que Santa Fé, que l'Entre-
Rios aient pris des mesures sérieuses, bien qu'elles
aient eu à souffrir cruellement pendant plusieures années
et surtout pendant l'hiver de 1833. Cette épidémie atteignit un tel degré de gravité que le Dr. Segurola, de
Buenos-Aires, qui continuait à être l'apôtre ardent et
désinteressé du prophylactique de Jenner, exhorta de
nouveau les habitants à se faire vacciner pour prévenir les
ravages qu'une épidémie de variole faisait alors à Córdoba.

Mais c'est un devoir pour nous de donner une explication
à cet égard. Si les autorités provinciales ne s'occupaient
pas de cette question d'importance vitale pour les peuples,
c'est qu'il fallait avant tout maintenir un gouvernement

régulier. Toute l'activité, tous les élements d'action, devaient être, employés à combattre les passions, les esprits exaltés des partis politiques et le pouvoir des *caudillos* (chefs militaires) qui se soulevaient à chaque, instant contre la souveraineté nationale. Rosas et ses partisans ne pouvaient. pas davantage penser à. autre chose. Le peuple, opprimé par un odieux despotisme, se levait à tout moment pour secouer, le joug. ... Les hommes de fortune et d'intelligence qui auraient pu prêter, leur concours pécuniaire et intellectuel pour défendre le pays contre les endémies, étaient exilés, et, au fond de leur retraite forcée, ils ne pensaient qu'au salut de la patrie atteinte d'une maladie des plus graves et sur le point de succomber.

Rosas tomba enfin; alors vint Urquiza et la situation n'en fut pas meilleure. Un fugitif éclair de liberté illumina un instant l'horizon, mais ce fut pour faire place immédiatement à l'ombre et au chaos. Heureusement que l'établissement définitif de là souveraineté sur une base solide ne devait pas tarder. Les Congrès de Santa Fé et de Paraná vinrent couronner l'œuvre d'un demi-siècle de luttes sanglantes. Ce fut alors que la nation put se mettre à son travail d'organisation, au sein d'une tranquillité relative, car le *caudillage* [1] ne s'était pas encore éteint dans les provinces. Les mesures défensives pri-

---

(1 *Caudillage* est un mot intraduisible dans notre langue: on entend par là le pouvoir, l'action des *caudillos*, c'est-à-dire des chefs militaires et autres qui s'étaient formés dans la plupart des provinces pendant la guerre de l'Indépendance et pendant les guerres civiles qui suivirent, Les caudillos disposaient à leur gré des hommes et des choses, et s'opposaient à l'établissement d'un gouvernement régulier. C'était quelque chose d'analogue aux seigneurs féodaux du Moyen—Age.

ses contre l'implacable ennemi qui a établi 'son camp sur les côtes putrides du Brésil, étaient insuffisantes et d'ailleurs ne recevaient qu'une exécution incomplète.

La fièvre jaune et bientôt après le choléra mirent ces faits en évidence et éveillèrent le zèle des autorités. Le choléra fit sa première apparition en 1856, dans une petite garnison argentine, aux environs de Bahía Blanca; il' avait été importé par une expédition «agricole-militaire» aux ordres' d'un colonel Olivieri, qui fonda une colonie sous le nom de «Nouvelle Rome»; mais cette épidémie fut étouffée au berceau, probablement à cause de la difficulté des communications. Onze ans plus tard, en mars 1867, elle reparut importée du Brésil et s'acharna sur les armées alliées dans les champs du Paraguay (Tuyuti)); mais cette fois elle se propagea avec une grande facilité et attaqua succesivement Corrientès, Rosario, San Nicolas et Buenos-Aires. Cependant tout semblait terminé; on croyait que le choléra avait disparu, lorsque, à l'approche de l'été, en septembre, on le vit éclater de nouveau furieusement et parcourir presque toute l'étendue du pays. Córdoba et Santiago del Estero, qui avaient échappé aux invasions antérieures, eurent à subir toute l'intensité du fléau; la première de ces villes vit mourir en moins de deux mois environ six mille personnes.

Le fléau semblait s'être endormi de nouveau pendant l'hiver de 1868; les habitants s'étaient trop hâtés d'oublier la cruelle leçon; l'épidémie fit en 1869 une dernière escarmouche et se retira laissant derrière elle le deuil et la désolation. En 1873 il y eut aussi quelques cas de choléra; mais cette fois il était atténué. Le fléau assouvi ne tarda pas à quitter le, pays sans 'avoir' fait de nombreuses victimes.

·ı. Ces leçons, données au milieu de tánt d'horreur, ne furent pas, il faut bien le dire, mises à profit. Le deüil une fois dissipé, les esprits une fois calmés, on revint à la vie normale; sauf quelques mesures dont nous parlerons plus loin, on ne regardait en arrière que lorsque le fantôme du choléra ou du typhus ictéroïde 'avaìt l'air de se montrer dans les eaux du port. Plusieurs années s'écoulèrent sans qu'aucune affection exotique vînt décjmer la population; rien ne vint sérieusement menacer la santé publique pendant un laps de temps prolongé, ni appeler l'attention des autorités sanitaires ou des habitants.

Le choléra qui éclata en Europe en 1884 devait faire le tour du monde, comme les autres fois : telle était la marche que, dans leurs diverses irruptions, les Furies du Gange avaient constamment suivie' depuis leur première apparition en 1817.

Le 12 octobre 1886, on déclara officiellement la présence du choléra dans la capitale de la République. La discussion s'engagea, comme à Paris en 1885, comme aujourd'hui même en 1892: il s'agissait de savoir quel avait été le véhicule des germes pathogènes. On dit qu'il avait été importé par le steamer italien *Perseo;* et l'on accumula les preuves dans ce sens. Mais le docteur Wernicke, micrographe distingué qui avait été envoyé quelques jours auparavant pour émettre son diagnostic sur certains cas graves du tube digestif survenus dans la ville du Rosario, avait pu, à ce qu'il semble, constater la présence du bacillus de Koch, ce qui prouverait que le choléra s'était produit dans ce port avant de se montrer à Buenos Aires.

Quoi qu'il en soit, le fait est que l'été de 1886-87 fut fatal pour le pays; l'épidémie qui se déclara alors ne peut être comparée qu' à celle de 1868, et l'on croit—opinion autorisée—qu'elle la surpassa par le degré de propagation et d'intensité du mal.

Les provinces du Nord et les provinces Andines n'avaient pas encore payé leur tribut; c'était leur tour maintenant. Effectivement, Tucuman, Salta, Jujuy, Mendoza, San Juan et San Luis eurent à pleurer l'incurie de leurs habitants et celle des pouvoirs publics. En un mois, Mendoza perdit 1500 âmes, Tucuman reçut le présent grec dans les premiers jours de décembre, grâce à la visite du cinquième régiment de cavalérie qui, partant de San Lorenzo (Santa-Fé) dans la direction d'Oran (Salta) pour y former la garnison de frontière, répandit sur toute sa route la semence de mort. Ce corps avait laissé plusieurs malades au lazaret de Tucuman, et avait continué son voyage; trois ou quatre jours après, il campa sur les bords d'une petite rivière (Tala) qui débouche dans le Salí. Ce fut la voie qui porta le germe de l'épidémie à Santiago. A Tucuman le premier cas éclata le 7 décembre, chez une jeune fille de 14 ans. -A la fin du même mois le fléau redoubla; on comptait les décès par centaines. Le mal, qui jusqu'alors n'avait pas franchi les limites du municipe, s'en alla éclabousser toute la campagne. Un calcul sérieux, bien fondé, fait monter à 5000, peut-être plus que moins, le nombre des victimes faites par le fléau dans cette seule province, la plus petite mais relativement la plus peuplée de la République. Elle compte huit habitants par kilomètre carré.

L'année suivante, à Salta, le mal sembla se réveiller:

il n'eût pas tardé à s'étendre, sans les mesures prises
à propos par le gouvernement de la Nation, d'accord
avec ceux de Tucuman et de Salta. Le docteur Francisco Čobos, jeune et savant médecin, avait été chargé
d'empêcher la marche du mal vers les populations du
Sud. Il établit à Chilcas une station sanitaire où l'on dé-
sinfectait, à l'aide de l'étuve Geneste et Herschell et par les
autres moyens en usage, les voyageurs venant des points
infectés. C'est à lui que l'on doit en grande partie, à
son activité, à sa compétence, d'avoir pu étouffer le
mal dans son foyer.

Les hommes de science se demandèrent alors : Le
choléra de Salta est-il importé, ou bien est-ce une re-
naissance du germe de l'année précédente? C'était la
même question que s'était déjà posée Fauvel et que viennent de reproduire certains membres de l'Académie de
médecine de Paris. Les faits ont réfuté l'opinion de
Fanvel qui pensait à un choléra parisien, car on est parvenu à connaître le véhicule qui avait apporté en France
les germes de mort. Quant à notre cas, il semble que le
germe de Salta fut apporté par des muletiers qui venaient
de Copiapó (Chili), où le choléra sévissait à cette époque.
Enfin nous devons dire, pour compléter cette esquisse,
que le gouvernement argentin établit des stations sanitaires aux passages de la Cordillère pour désinfecter les
provenances qui y arrivaient de l'autre côté.

Mais le choléra n'a pas été le seul fléau qui soit venu
chez nous porter la désolation, faire de nombreuses
victimes, paralyser le commerce, épuiser nos forces vi-
tales: notre port a encore reçu à diverses reprises, depuis 1849, la visite de la fièvre jaune. Heureusement

qu'elle a été presque toujours repoussée avec succès, au moins dans ces derniers temps, grâce aux institutions sanitaires qui ont fonctionné régulièrement comme aujourd'hui. La première épidémie, celle de 1858, vint démontrer d'une manière évidente qu'il fallait prendre des précautions sérieuses contre un ennemi si rapproché de nous, si subtil et dont les menaces se renouvelaient chaque année. C'est pourquoi on en vint aux premières mesures, insuffisantes d'ailleurs, car on ne connaissait pas encore assez l'étiologie et la pathogénie de cette terrible calamité. Les provenances du Brésil étaient soumises à une quarantaine de quinze jours; les malades étaient transférés à un lazaret que l'on établit à l'Ensenada. C'est de cette époque que date l'institution des médecins de section dans la ville.

Le général Sarmiento, cet homme de la taille de Rivadavia, venait d'arriver des Etats-Unis, où il s'était imprégné de l'esprit *yankee*. En prenant la présidence, malgré les agitations politiques qui absorbaient l'attention générale, il pensa d'une manière spéciale à cette question, car il était convaicu que tous les progrès accomplis pendant vingt années de labeur et de lutte pouvaient être compromis et même disparaître sous la pression d'une épidémie. Le 14 juillet 1867, par le canal du ministère de la guerre et de la marine, il lança un décret qui créait la *junte* de santé, laquelle était composée du capitaine du port comme président et de deux assesseurs, les médecins de santé, conformément à l'opinion du Conseil d'hygiène. Le conseil fonctionnait comme autorité consultative et formulait ses résolutions à titre de tribunal supérieur et d'appel dans tous les cas qui lui étaient soumis par la *junte.* Telle est l'organisation que l'on trouve aussi dans la capitale voisine de la République Orientale.

La junte de santé mit en vigueur le projet de règlement sanitaire élaboré par le conseil d'hygiène (quarantaine, lazarets, etc.) conformément aux conclusions du Congrès d'hygiène de 1851-52, tenu à Paris et de celui de 1866, tenu à Constantinople. Sous la présidence de ce même général Sarmiento, on réglementa les opérations qui consistaient à recevoir et à livrer la correspondance et les vivres aux navires en quarantaine, au moyen de canots; on fixa les peines dont seraient passibles les infracteurs, et la préfecture maritime fut chargée, comme elle l'est jusqu'à présent, de les infliger. La plupart de ces dispositions sont encore en vigueur aujourd'hui, en tant qu'elles ne sont pas contraires à la Convention sanitaire.

En 1870, la fièvre jaune reparut: le premier cas se présenta chez un voyageur-logé à l'hôtel de Rome, après dix jours d'incubation, à ce qu'il sembla,—ce qui fit que lès délégués Argentins au conseil de 1873, tenu avec les Orientaux, soutinrent avec force la quarantaine de quinze jours à dater de la sortie, au lieu de dix comme elle était jusqu'alors. L' épidémie de 1871 fut horrible—13761 victimes en très peu de temps!!

Dans ce conseil on convint d'établir des lazarets: la République Argentine devait en entretenir deux, l'un pour les provenances des provinces brésiliennes, ports paraguayens et argentins voisins, l'autre pour les provenances des rivières avec destination pour le Brésil et Montevideo et pour celles de ces capitales, dans le cas où quelqu'une de celles-ci se trouverait infectée. La République Orientale

devait en établir un pour les provenances des ports d'ou-
tre-mer avec *patente* brute—déclarés infectés.

Ces dispositions n'entrèrent en vigueur qu'en 1877.
C'est à cette époque que remontent les premiers travaux
sérieux que l'on ait faits pour l'installation du lazaret de
Martin Garcia, le meilleur établissement de ce genre que
l'on trouve dans l'Amérique du Sud.

Postérieurement à toutes ces mesures, on conclut un
traité avec le Brésil et la République Orientale qui donna
naissance à la Convention Sanitaire internationale, à
laquelle il sera consacré un chapitre spécial.

Tels sont les principaux linéaments historiques de l'organisation sanitaire de la République. C'est depuis 1880
qu'on a vu surgir une à une, on peut le dire, les principales institutions que le pays compte aujourd'hui. Le
Département national d'hygiène, chargé de défendre tout
le territoire contre les maladies exotiques, suprême autorité en cette matière, est l'assesseur légal du gouvernement
de la nation, des provinces et de la Municipalité de la
Capitale; — l'Assistance publique, chargée de veiller sur
l'assistance des hôpitaux, avec son organisation particulière; — la Municipalité, agissant à l'aide de son bureau
spécial, l'Inspection générale d'hygiène, qui a pour mission de veiller à la propreté et à la salubrité des endroits
publics, etc., — telles sont les trois autorités qui résument
tout le service dans la capitale de la République.

Dans les provinces, le service n'est guère différent. Un
conseil d'hygiène, revêtu de l'autorité suprême, assesseur
du gouvernement et de la municipalité; le bureau chimique, l'inspection municipale d'hygiène et autres bureaux

annexes, représentent dans chaque Etat fédéral l'autonomie sanitaire.

Toutefois, avant d'exposer l'état actuel de l'organisation
et des institutions sanitaires, nous devons dire qu'il y a
plusieurs années qu'on a présenté au Corps Législatif un
projet détaillé sur cette matière; mais que, le temps
écoulé et l'avis favorable de la commission respective du
Sénat, il n'a pas encore été pris de résolution à cet égard.

Postérieurement à ce projet, élaboré par le docteur Pedro A. Pardo, on en a présenté deux autres qui ont subi
le même sort. Il en a été de même pour les projets de loi
sur l'exercice de la médecine, de la pharmacie et autres
branches de l'art de guérir, présentés à diverses époques.
Le dernier, qui vient d'être soumis au congrès depuis peu,
a des chances d'être voté dans les séances extraordinaires
de cette année, grâce à la recommandation spéciale d'urgence et d'intérêt public dont il est appuyé.

DÉPARTEMENT NATIONAL D'HYGIÈNE

ORGANISATION

La création de la première autorité sanitaire de la République ne date pas de longtemps.

Ce qui fonctionnait auparavant avec des attributions semblables, c'était la Junte de lazarets, présidée par le capitaine du port, accompagné de plusieurs assesseurs médecins. Cette junte, qui a fonctionné jusqu'en 1880, se bornait à prévenir le pays contre les affections exotiques, et particulièrement contre celles qui pouvaient l'assaillir par la voie maritime. Ce fut sous sa direction que l'on construisit le lazaret de Martin Garcia. Sur la base de cette Junte de santé surgit le Département National d'hygiène, institution qui devint indispensable par suite de la fédéralisation de Buenos Aires. Ce fait ne permettait pas au conseil d'hygiène de la province de ce nom, d'exercer ses importantes fonctions dans le nouveau municipe. Le 31 décembre 1880, le gouvernement de la nation lança un décret qui organisait et fixait les attributions de la nouvelle institution. Ce décret la chargeait du service sanitaire du port; elle devait: 1° Proposer la réglementation et l'organisation du corps médical de l'armée et de la flotte, ou bien les réformes qu'elle jugerait convenables dans les dispositions en vigueur; 2º Projeter les mesures sani- taires pour les ports ou les modifications qu'elle croirait nécessaire d'introduire dans celles que l'on suivait; 3º Sou- mettre à l'approbation du gouvernement les mesures de caractère permanent ou transitoire en rapport avec la conservation de l'hygiène dans l'armée et la flotte, dans tous les départements de l'administration et dans les bâti- ments nationaux; 4º Avoir sous sa jurisdiction et surin- tendance tous les services de caractère médical où sani- taire de l'administration et veiller à leur conservation, ainsi qu'à leur réforme; 5º Informer les autorités natio- nales en cas de consultation et à titre d'expert obligé, les juges dans les jugements médico-légaux; 6º Veiller á l'e- xercice légal de la médecine et de la pharmacie, ainsi que des autres branches de l'art de guérir, conformément aux dispositions en vigueur, de la province de Buenos Aires, en attendant que le Congrès fît la loi qui devait régir la matière pour la capitale; 7ª Inspecter le service de la vac- cine et travailler á sa propagation dans toute la république, dans l'armée et dans la flotte; 8º Evaluer les honoraires dans les branches de l'art de guérir, dans les cas de désaccord ou de consultation; 9º Inspecter les drogueries et pharmacies; 10º Donner des indications à la municipa- lité sur le manque d'hygiène publique que l'on pourrait remarquer dans la ville ou dans les établissements de sa dépendance; 11º Inspecter, quand elle en serait requise, qu'elle le jugerait convenable ou qu'il y aurait dénoncia- tion à ce sujet, les établissements industriels qui seraient de nature à nuire à la santé publique; 12º Conseiller à l'autorité les moyens d'améliorer l'hygiène publique dans la capitale et les mesures prophylactiques à prendre contre les maladies exotiques, endémiques, épidémiques ou' transmissibles; 13° Faire observer, toutes les dispositions relatives à la santé dans les diverses sections de l'administration.

, En ce temps-là, le département se composait d'un présidentiet'de quatre conseillers actifs, professeurs de médecine, chargés du service sanitaire du port. Comme membres honoraires avec voix et vote, on y voyait figurer l'administrateur général de la vaccine; l'inspecteur des drogues de la flotte de la capitale; les professeurs d'hygiène et de chimie du Collège National; les chirurgiens majors de l'armée et de la flotte; le, doyen de la Faculté de médecine, etc. Par décret du 6 Mars 1882, le Pouvoir Exécutif réorganisa le département conformément à la loi du budget votée l'anée précédente: les médecins du port cessaient d'être conseillers, et étaient exclusivement chargés de la police sanitaire maritime; ils étaient remplacés, dans leurs autres fonctions par deux professeurs de médecine, un chimiste pharmacien et un vétérinaire; mais celui-ci n'avait que voix consultative. Ce décret, ainsi que celui de décembre 1880, attribuait au président toute la responsabilité du département et l'autorisait à agir pour son propre compte dans les cas, d'urgence, avec ordre d'en informer le gouvernement.

Enfin, sur l'initiative du docteur Udaondo, ex-président du département, le Congrès national avait voté, vers le milieu de l'année précédente, une loi très brève, qui conférait au Département national d'hygiène les attributions, qu'il avait eues auparavant et dont la validité avait été discutée parce qu'elles devaient leur origine aux décrets mentionnés plus haut.

Cette même loi lui confiait la surveillance de la médecine, pharmacie, etc., d'accord avec la réglementation de la province de Buenos Aires, de 1877, laquelle était défectueuse à l'excès, comme on le verra au chapitre qui traite de ce point spécial. Chaque province a, naturellement, sa loi sur l'exercice des diverses branches de l'art de guérir; elle en fait la réglementation particulière, tout en se bornant aux principes généraux de la forme de gouvernement du pays.

L'organisation actuelle du Département l'investit du caractère d'autorité suprême en matière de santé dans tout le pays. Il est constitué, peut-on dire, par deux corps: par le président qui a toute la responsabilité et la représentation extérieure (article 3 du réglement interne), et est chargé de diriger la marche de toutes les sections, de prendre les résolutions nécessaires dans tous les cas urgents,—et un conseil composé de membres titulaires actifs et honoraires qui se forment en commission pour délibérer sur toutes les affaires à propos desquelles on leur demande leur opinion. Les fonctions des uns et des autres sont identiques, et ils se partagent le travail suivant la spécialité de chacun. Le directeur de l'assistance publique et l'intendant municipal siègent au conseil, dans les cas où ils sont spécialement invités aux séances où l'on doit considérer des questions qui se rattachent aux attributions de ces deux fonctionnaires. En vertu de l'article 41 de la loi organique de la municipalité, le Département national d'hygiène est son assesseur, de même qu'il l'est du gouvernement suprême de la nation et des provinces, dans les cas où celles-ci viennent solliciter son intervention, son conseil.

Le bureau sanitaire annexé au département est une création récente; il est composé de trois sections: hygiène générale ét démographie, chimie ét bactériologie; chaque section est présidée par un délégué du département et sous'la direction immédiate d'un chef de travaux. L'initiative de cette création si importante et si nécessaire appartient au président actuel du département, le docteur Ramos Mejia.'

'Le Bureau sanitaire comprend trois sections, comme on vient de le dire: a) section d'hygiène générale, épidémiologie, statisque, etc.; b) section de chimie; c) section de bactériologie. La première est chargée de l'étude de la géographie médicale de la Repúblique et' de la confection de la statistique des maladies' infecto-contagieuses, numérique et graphique. Elle est aussi chargée de l'étude de tout ce qui est relatif à l'étiologie et à la météorologie. C'est sous la dircction de cette section que se publie le bulletin officiel du département.'

'La seconde section a pour attributions: l'examen chimique des'eaux destinées à l'alimentation, etc., etc., les recherches hygiéniques sur les aliments et les boissons' én général, les recherches toxicologiques sur les viscères et autres objets remis par les juges du crime, la reconnaissance des drogues médicinales et des produits pharmaceutiques employés dans la médecine, et finalement, elle est chargée de faire les analyses de son ressort qui lui sont demandées par l'autorité com_pétente et par les particuliers, d'accord avec le tarif.

La troisième section a dans ses attributions l'étude biologique de l'air, l'étude complète de toute substance suspecte à l'égard des épidémies épigastriques ou de l'importation des maladies exotiques, l'installation et le service pour la préparation des moyens préservatifs,

!'examen bactériologique du lait et des autres substances alimentaires susceptibles de transporter des germes infectieux, et enfin l'étude du sol en tout ce qui a rapport á la transmission des affections de nature infecto-contagieuse (Décret du 6 Juin 1882.)

L'esquisse que nous venons de faire des fonctions du Bureau sanitaire donne la mesure de l'importance de l'institution qui nous occupe. C'est la sentinelle avancée qui a pour consigne de repousser les affections exotiques; elle est également chargée de prendre les mesures générales nécessaires pour conserver la santé de la capitale et du reste du pays. C'est ainsi qu'on est en train de réaliser ce que nous soutenons depuis si longtemps comme le seul moyen de défendre le pays contre les maladies: la centralisation des autorités sanitaires.

Bien qu'il n'y ait pas de disposition spéciale qui prescrive l'intervention du Département national d'hygiène dans les provinces, elle est établie dans la pratique, du moment que les gouvernements particuliers sollicitent son concours pour combattre les épidémies plus ou moins localisées de variole, diphtérie, etc., qni de temps à autre vont ravager les divers Etats. Dans le cas où une épidémie menace de se propager et de mettre en danger la santé générale, l'intervention du Département est obligée, parce que ceci rentre exactement dans ses attributions et s'encadre porfaitement avec elles. Il n'y a pas long temps, cette intervention était nulle, ou à peu près, car ses délégués remplissaient très mal le devoir de l'informer sur l'état de santé de l'endroit où ils résidaient. On finit par les supprimer. Cependant, sur certains points, tels que La Plata, Bahia Blanca, Rosario, on les trouve enco‑ re à titre de médecins de santé du port. Les délégués viennent d'être remplacés por un corps d'inspecteurs de santé. Ceux-ci font dès voyages fréquents dans les provinces qui, par incurie ou à cause de leur constitu‑ tion médicale, payent un tribut plus ou moins onéreux aux affections infecto-contagieuses. Mais on conçoit fa‑ cilement qu'un service semblable, par suite du man‑ que de continuité dans le travail, doit être défectueux, car il est évident qu'un service de cette espèce ne peut persister si ce n'est sous la surveillance assidue et intelligente d'un homme qui s'y voue d'une manière constante. Voilà pourquoi on pense revenir au pre‑ mier système, mais en l'organisant d'une autre façon. Les délégués n'auraient plus d'appointements fixes par mois; le travail serait rémunéré eu égard au mérite et à la proportion. Un mémoire étendu sur les condi‑ tions sanitaires de telle du telle localité, ainsi que sur la manière de l'assainir; une statistique exacte avec commentaires de la morbilité et de la mortalité d'une ville qui vient de subir une épidémie, etc., voilà des travaux qui, rémunérés avec équité, encourageraient leurs auteurs et les décideraient à persévérer. Les chefs des bureaux de statistique des provinces, par suite d'une incurie on ne peut plus condamnable, ne mettent pas à envoyer les renseignements sur la démographie la régularité voulue pour qu'on puisse en profiter. Ce‑ pendant, sur ce point il faut faire des exceptions en faveur de quelques Etats, en très petit nombre, dont les gouvernants, médecins ou hommes d'instruction,

convaincus des bienfaits qui seraient la dernière con_
séquence de ces études, concourent d'une manière effi_
cace à l'œuvre commencée avec énergie par le Dépar_
tement national d'hygiène. Malheureusement, dans ces
mêmes chiffres il y a toujours une cause d'erreur: l'im_
mensité de la campagne, parsemée cà et là de faibles
noyaux de population, étant dépourvue de médecins, il
devient impossible de classer avec exactitude la morbi_
lité et la mortalité. Dans la capitale fédérale et dans
quelques chefs-lieux de provinces, les choses ne se
passent pas ainsi, ce qui fait que la statistique est
exacte. Bientôt toutes ces difficultés disparaîtront, et,
grâce aux bureaux du registre civil, on pourra avoir
exactement le chiffre rond des décès dans toute la République, bien que la désignation nosographique ne
soit pas tout-à-fait conforme à la vérité et à la seien-
ce moderne. En classant les maladies d'après le symptôme dominant ou culminant, ou d'après le nom vulgaire, distinct dans chaque province, mais facile á
annoter, on pourra obtenir un mouvement démographique assez approximatif en tout ce qui concerne la
morbilité.

Les inspecteurs de santé viennent de dresser des statistiques détaillées des dernières épidémies de variole et de
diphtérie dans quelques provinces, telles que Mendoza,
Tucuman, Salta, Catamarca et la Rioja.

Indépendamment de ce que nous venons de dire, ces
louables intentions de l'autorité sanitaire trouvent des
obstacles dans d'autres causes qui ont peut-être une importance plus grande.

Les conseils d'hygiène provinciaux, composés de médecins compétents mais voués à d'autres ocupations, n'apportent pas un concours efficace; toute l'action de l'autorité est dépensée par eux en travaux d'importance tout-à-fait secondaire, par exemple á surveiller l'exercice de la médecine et de la pharmacie, á assainir des parages manifestement insalubres, assainissement que l'on fait par suite d'un désir louable mais sans fondement, sans base sérieuse pour la réussite, ce qui fait que tout travail ne tarde pas á devenir stérile. On laisse de côté les statistiques et les études qui s'y rattachent, non pas qu'on méconnaisse l'importance de leurs déductions, mais parce qu'on est pressé de ressentir les effets du moindre effort auquel on se livre.

Et tout cela a sa raison d'être. Jusqu'à présent, dans les provinces, la profession de médecin n'a pas été considérée comme un ministère; ceux qui ont un diplôme le mettent à profit comme un objet de luxe; en conséquence, ils ne se vouent pas à la profession par amour pour elle. L'exercice de la médecine et de ses multiples applications n'est qu'une ressource d'importance secondaire; le capital intellectuel et pécuniaire, le repos, l'activité, tout l'ensemble de la vie morale et matérielle, tout cela est absorbé dans l'industrie qui doit rapporter des bénéfices réels et immédiats. C'est là une condition qui caractérise les peubles jeunes et riches. Il n'en est pas de même dans la capitale fédérale: bien qu'elle soit très riche, bien qu'elle soit le centre d'attraction de tous les capitaux, on y fait de la médecine un vrai ministère. Son immense population exige qu'il en soit ainsi. Dans cette espèce d'études et de services de santé, Buenos Aires est á la hauteur des grandes capitales européennes et des Etats-Unis.

Les simples considérations que nous venons d'exposer, suffisent à donner une idée approximative de l'importance morale du Département d'hygiène. Cependant, il faut, pour qu'il puisse faire tout ce qu'il doit, pour étendre ses bienfaits á la population tout entière du pays, lui donner des attributions plus étendues, c'est-à-dire concentrer chez lui les fonctions dispersées qui sont aujourd'hui réparties entre cette corporation, la municipalité et l'Assistance publique, dans la capitale et dans les conseils délibérants, outre les intendants municipaux et la police dans les provinces.

En un mot, il faut centraliser tout ce qui a rapport à l'hygiène dans la République; en d'autres termes, imiter l'Angleterre qui fit voir l'importance de cette mesure en créant le *Local-Government-Board*, ce qui lui procura la satisfaction de voir en très peu de temps diminuer sensiblement le chiffre de la morbi-mortalité absolue et infecto-contagieuse. Telle est heureusement la tendance des hommes qui s'occupent aujourd'hui de ces affaires parmi nous et même á l'étranger, tendance qui se fait sentir depuis plusieurs années, mais qui a toujours trouvé des obstacles sérieux. Ce qui n'en témoigne que trop, ce sont les divers projets énoncés au chapitre précédent et qui sommeillent aux archives du Congrès, grâce á cette aberration si explicable chez les peuples qui mènent une vie précipitée.

Ces projets-là proposaient l'unité d'action dans l'ordre national, en laissant, bien entendu, aux provinces leur propre autonomie, même dans ce détail qui signifie bienêtre et sécurité de tous. Qu'il nous suffise maintenant, pour en finir sur ce point, de constater comment fonc-

tionne en réalité le Département. Nous allons pour cela
passer en revue quelques-unes de ses autres attributions
et fonctions. Les lazarets, l'institut de vaccine, etc., ont
des chapîtres spéciaux, de même que la convention sanitaire internationale, à cause de l'importance de la matière,
ainsi que la loi et le projet présenté cette année sur l'exercice de la médecine et les autres branches de l'art de
guérir.

Le Département fonctionne aujourd'hui sous la direction d'un président nommé directement par le gouvernement, lequel président a, come nous l'avons dit
ailleurs, la représentation extérieure et toute la responsabilité; le bureau, son mécanisme interne, est à la
charge d'un secrétaire, nommé aussi par le gouvernement sur la proposition du chef du départament. Le
président distribue le travail entre les conseillers, et
le secrétaire entre les employés subalternes. Cette branche du département représente ce qu'on peut, à proprement parler, appeler le pouvoir exécutif, car elle peut,
dans les cas d'urgence et d'intérêt public, prendre toute espèce de résolution, avec obligation d'en rendre
compte à l'autorité supérieure. L'autre branche, la dé-
libérante, est constituée par le conseil, composé de
membres titulaires payés et de membres honoraires;
elle tient séance deux fois par semaine et une séance
extraordinaire dans les cas spéciaux. Elle connaît et
elle expédie toutes les affaires que le président sou-
met à son examen, ainsi que toutes celles dont les
conseillers ont pris l'initiative. Les séances sont déli-
bératives et administratives; dans les premières, appe-
lées aussi scientifiques, on étudie les affaires de ca-

ractère public et général, par exemple, les mesures à prendre pour garantir le pays contre les affections exotiques et pour combattre les endémies, etc; dans les secondes on discute les résolutions des conseillers sur les affaires d'ordre administratif. Actuellement on y voit venir régulièrement titulaires et honoraires, parmi lesquels il y a un épidémiologiste, deux hygiénistes, un médico-légiste, deux cliniciens, un vetérinaire, un chimiste; dans les cas spéciaux on invite d'autres conseillers honoraires, tels que l'inspecteur de santé de la flotte, celui de l'armée, etc.

Cet ensemble donne la mesure des nombreuses et intéressantes questions qui sont agitées au sein du conseil.

Il serait par trop long de continuer l'énumération des diverses autres fonctions de cette corporation scientifique; cependant nous ferons remarquer que, sur son initiative, on a créé le musée d'hygiène où l'on expose tous les appareils et objets en rapport avec cette science. Les appareils sanitaires, modèles de tuyaux, soupapes, siphons, latrines, bassins, déversoirs, etc., ayant pour but l'assainissement du domicile et de la ville ont là une place de prédilection. Les constructeurs de travaux de salubrité et les propriétaires qui en ont besoin fréquentent le musée, où ils sont conduits par un intérêt parfaitement légitime: pour les uns, c'est un débouché ouvert à leurs poduits, pour les autres, la solidité, l'avantage, l'élégance, l'économie. Le musée d'hygiène est en même temps une exposition et un concours, dont le Conseil est le jury.

On a vu plus haut que le Conseil intervient comme expert dans les cas où il s'agit de régler les honoraires des professeurs des diverses manières de l'art de guérir; mais il reste à dire qu' il n'exerce cette fonction que d'une manière spéciale, c'est-à-dire pour les dossiers remis par les juges: le Département n'est pas l'assesseur des particuliers. Considérable est le nombre des dossiers dont il est pris note journellement au bureau établi à cet effet. Pour en avoir une idée, il suffira de savoir que le chiffre des sommes en litige, où il est intervenu pendant l'année qui vient de finir, s'élève à 250.000 piastres.

Nous devons ajouter à cet égard que le règlement des honoraires n'est pas une fonction mécanique, déterminée par un tarif aux limites plus ou moins étroites, comme il arrive dans quelques cités européennes. Ici, le Conseil suit strictement les théories aussi justes qu' équitables des auteurs modernes de médecine légale. En effet, on prend pour base la position scientifique du médecin qui réclame le paiement, la position pécuniaire de la famille qui doit payer, la nature et le résultat de l'assistance, etc. En un mot, on a en vue tous les éléments d'appréciation pour protéger le médecin dans ses propres intérêts, de même que le client. De cette manière-là, on dignifie la profession et on arrive autant que possible à faire en sorte que le riche paie pour le pauvre.

Relativement à la pharmacie, il y a un tarif en vertu duquel on fixe un prix à toutes les opérations pharmaceutiques, plus un tant pour cent sur la valeur du médicament à la droguerie pour éviter les graves difficultés que pourrait occasionner la dépréciation ou la valorisation rapide de la monnaie fiduciaire. Pour les spécifiques et spécialités étrangères, on ne peut demander plus d'un 10 % sur le prix en droguerie. Le prix de vente d'un article aux heures avancées de la nuit est augmenté d'une piastre.

Le Département a vu augmenter ses attributions par la loi actuelle de retraite: celle-ci fait jouir de ses bienfaits les employés qui se sont usés au service, après un certain nombre d'années. Ainsi donc, cette loi exige que l'employé se trouve malade; le Département doit charger un de ses membres de constater l'état de santé des intéressés. La loi dont il est question ici est sans doute défectueuse; le Congrès en a une dans ses bureaux qui est mieux combinée et par conséquent plus juste, pour remplacer la loi actuelle.

Le Département, veillant aux intérêts de la Nation, a établi une gradation parmi les postulants: incapables absolus, incapables relatifs et capables conditionnels. La première désignation est assez significative; la deuxième indique ceux qui ne peuvent pas remplir certains emplois ou certaines fonctions; par exemple, une blessure, qui a déterminé l'ankylose du genou gauche chez un *vigilant*, l'empêche d'être de faction, mais lui permet de faire un bon portier; un employé de police, dont la fonction est de parcourir les rues et qui est atteint de rhumatisme chronique, pourrait être un commis aux écritures dans une salle abritée de ce même Département.

Quant aux capables conditionnels, ce sont ceux qui, sous l'influence d'un traitement, arrivent à un mieux notable. C'est le cas (arrivé il y a peu de temps) d'un myope qui, en employant les moyens voulus, a pu corriger ce défaut. Beaucoup d'autres cas peuvent rentrer dans cette même classification.

Enfin, pour faire connaître l'importance du Département, il faut rappeler qu'il est l'assesseur légal de la Municipalité dans les questions d'hygiène publique, et des gouvernements provinciaux, ce qui revient à dire qu'il est chargé d'émettre son opinion sur l'assainissement des localités, sur les moyens de réduire la mortalité, de préserver la population générale de toutes les causes de dégénération physique et morale. Mais, pour que cette action bienfaisante se fasse sentir d'une manière sensible, nous l'avons déjà dit ici et dans d'autres publications, il est nécessaire, indispensable et urgent que l'on adopte le plus tôt possible le code sanitaire, le projet de loi sur la dénonciation obligatoire et la désinfection dans les cas d'affections infectieuses, en établissant une responsabilité sérieuse et des peines pour les infracteurs, et que l'on fasse une loi qui ait pour but de protéger la santé et l'hygiène publiques. Tel est précisément le désir des membres du Conseil, parce que, comme le dit Van Bettenkoffer au Congrès international d'hygiène de 1887 á Vienne, les progrès de l'hygiène sont fils de la législation sanitaire. L'exemple nous est donné par l'Angleterre avec son *Local Government Board*, exécuteur des prescriptions de ia loi de 1875 (assainissement des maisons et habitations, prophylaxie des affections pestilentielles, etc.), qui a réduit le chiffre de la mortalité dans la décade de 1866-75, ce qui revient à dire qu'on a économisé la vie de 850.000 personnes qui, en argent, représentent la somme énorme de trois mille millions de francs, en supposant avec Chadwick et Farn que toute existence vaut, terme moyen, 3880 francs.

En somme, pour abréger, on peut dire que ces mes-
sures sont, par rapport à la mortalité générale, ce que
le préservatif de Jenner est á la variole, dont l'efficace
influence se fait sentir chaque jour, au point que,
dans les pays bien organisés, la mot qui désigne cette
affection a presque disparu des tableaux nosographiques.

Puisque nous avons fait mention, — ce qui était une
nécessité pour nous — de la loi anglaise de protection
à la santé publique, votée en 1875, et que nous
avons dû dire que le fondement sur lequel reposaient
le bonheur du peuple et le pouvoir de l'Etat, c'est la
protection á la santé publique, nous ne pouvons nous empêcher de reproduire les sages paroles prononcées par le
ministre Disraeli à l'occasion de cette loi. Elles synthéti-
sent toute l'importance de la matière et serviront aux
hommes publics, s'ils en viennent á jeter les yeux sur
ce livre qui résume nos progrès et nos imperfections, à
les encourager, à les décider à soutenir au Congrès la
nécessité, l'urgence d'une loi analogue. Voici la phrase
synthétique à laquelle nous avons fait allusion:

«Prenez le plus beau des pays, dotez-le de citoyens
laborieux et intelligents, d'industries et d'une agricul-
ture productives, d'arts florissants, d'architectes et
d'ingénieurs; couvrez son sol de chemins de fer, de
palais et de temples; donnez-lui des armées, des esca-
dres, des armes de précision, le *summum* du pouvoir
militaire pour défendre tous ces dons, et il arrive que,
sans hygiène, la population demeure stationnaire quand
elle n'est pas décimée par les fléaux, qu'elle diminue
annuellement en stature et en vigueur, qu'elle dégénère

et finit par disparaître. Je considère que le soin de la santé publique est le premier devoir de l'homme d'Etat.»

A notre avis, ce n'est pas assez des soins individuels et collectifs pour se préserver des influences délétères qui menacent journellement l'existence et la conduisent rapidement à la mort, ou la minent insensiblement au point de lui faire transmettre comme patrimoine un héritage maladif; ce n'est pas assez, disonsnous, d'employer les antiseptiques et autres éléments préservatifs pour conserver la santé d'un peuple, d'un individu, dans la lutte quotidienne de la désinfection contre les éléments pathogènes; il est nécessaire, primordial, pour supprimer en grande partie cette lutte quotidienne contre l'ennemi invisible, de tenir compte d'autres éléments purs, sains, qui empêchent la production des germes infectieux. A quoi bon disposer d'un arsenal d'antiseptiques, si la production des microbes est inépuisable et ne fait, au contraire, que s'accroître? Nous faisons allusion aux travaux de salubrité dans les villes qui les approvisionnent d'eau en quantité suffisante et qui leur fournissent les moyens de se débarrasser sans danger des résidus. Assainir le sol et en éviter la contamination, construire des habitations hygiéniques dotées d'air et de lumière, des rues droites et larges, des places publiques plantées d'arbres et bien situées, etc., voilà, en résumé, la base d'une hygiène bien dirigée. Mais ces travaux exigent le concours d'ingénieurs et d'architectes sanitaires, et ce sont ceuxci qui manquent encore au Département. Ajoutons que, sur l'initiative d'un de ses membres, deux d'entre eux vont être appelés prochainement à en faire partie. Disons aussi que dans les affaires de ce ressort le Département a toujours consulté les ingénieurs, ou, pour mieux dire, le Département national des travaux publics, qui connaît de ces affaires, de même qu'un autre bureau national, la Commission des travaux de salubrité, à laquelle incombe tout ce qui concerne le service de ce nom, dans la capitale. Les deux ingénieurs membres du Département auraient une action plus directe: ils auraient à s'occuper surtout de l'assainissement des provinces, auxquelles, sauf un petit nombre d'exceptions, manquent les travaux de salubrité et qui s'approvisionnent de mauvaise eau, ce véhicule généralisé de presque toutes les maladies.

CONVENTION SANITAIRE INTERNATIONALE

Ce traité entre les républiques Argentine, Orientale et le Brésil représente un effort, une aspiration de la science sanitaire moderne pour donner une solution aux relations économiques et commerciales.

Souscrite à Rio Janeiro, elle entra en vigueur en l'an 1888; mais elle vient d'être dénoncée par le Brésil. Elle expire le 3 août 1893. La République Argentine et la République Orientale, également intéressées à conserver la santé sans interrompre le trafic commercial, réprésentent une partie; le Brésil, pour s'assurer des ports où il puisse envoyer ses produits nés et fabriqués au milieu des foyers mortifères de la fièvre jaune, constitue l'autre partie. Des intérêts opposés, des conditions antagoniques rendent impossible pour le moment toute forme rationnelle d'accord.

La convention sanitaire doit donc sa naissance à des intérêts économiques ; on ne saurait en attribuer avec justice l'initiative à aucune des chancelleries: ce sont des intérêts considérables, de l'une et de l'autre part, qui l'ont pour ainsi dire fait surgir simultanément.

L'épidémie de choléra qui a visité divers pays sud américains, et entre autres, le nôtre qui n'est qu'un morceau de l'Europe transplanté ici, avec toutes les franchises et les libéralités des peuples civilisés, respecta en quelque sorte le Brésil. Le Brésil avait donc l'occasion de prendre sa revanche contre nos précautions à l'égard de son endémie jaune, qui s'y est naturalisée depuis le dix-septième siècle. Le gouvernement brésilien se mit à imposer des quarantaines arbitraires aux navires argentins; il défendit l'introduction du *tasajo* (viande salée), l'étendant à quatre mois après l'extinction de l'épidémie, sous prétexte que cet article était un admirable véhicule du bacille de Koch, bien que ce même savant et le docteur Lacerda (bactériologiste brésilien) eussent démontré le contraire par de longues et minutieuses expériences. Il n'y avait dans tout cela qu'une guerre de douane au *tasajo* argentin, pour protéger la production similaire des Etats-Unis de Rio Grande et de Ceará. Le docteur Lacerda disait dans son rapport: «Il n'est pas permis, pour un motif d'intérêt national, de porter atteinte à la vérité, de nier les faits scientifiques». Le fait est que, mis en contact avec la viande sèche, le germe du choléra succombe rapidement et que, par conséquent, la *viande sèche ne peut lui servir de véhicule.* Koch s'est chargé depuis peu d'ajouter que les peaux ne sont pas susceptibles de transporter le germe.

Pour cette raison — assurer le marché du *tasajo* — et pour le fait que la plupart des navires qui viennent à la Plata touchent à Rio, les républiques Argentine et Orientale entrèrent dans ce traité auquel elles n'avaient réellement rien à gagner; au contraire, elles abandonnaient leurs moyens les plus appréciables de défense contre l'endémie brésilienne. L'évidence de l'immunité du *tasajo* pour le cas improbable d'une réimportation du choléra et le besoin qu'ont les populations brésiliennes de cet article, de première consommation auraient fini par s'imposer.

En ce qui concerne les intérêts sanitaires, le Brésil n'a nullement à se défendre: la petite vérole, la diphtérie, la fièvre typhoïde, etc., y ont pris leurs lettres de naturalisation en même temps que dans notre pays; elles y ont été importées par les Européens; — tandis que la République Argentine et la Bande Orientale doivent se précautionner, être constamment l'arme au bras pour se défendre contre la fièvre jaune, cette affection terrible qui, d'après Béranger-Féraud, porte plusieurs douzaines de noms donnés par les pays qui la subissent, pour l'occulter ou la dissimuler. Ce fut la première faute des délégués sanitaires que de consentir á la déclarer exotique sur les côtes du Brésil. Elle y fit sa première apparition, il y a deux siècles, et, avec des intervalles plus ou moins longs, elle y a sévi jusqu'en 1849, époque á partir de laquelle elle n'a pas laissé passer une année sans faire d'horribles ravages.

Une autre faute des conventionnels Platéens, ce fut d'admettre comme données scientifiques les rapports ou suppositions de leurs collègues Brésiliens sur la pathogénie, l'étiologie, etc., de l'affection, car chaque moment vient en démontrer la fausseté.

On ne connaît pas le germe qui la produit, quoi que puisse dire le docteur Freire, ni son mode de propagation, ni son incubation; par conséquent, il est impossible, en considérant scientifiquement et raisonnablement la chose, d'établir les moyens de l'éteindre, de se précautionner contre elle etc., de déterminer la période maximum d'incubation, fixée par le traité à dix jours, ce qui a été démenti en plusieurs occasions et, entre autres, par le célèbre cas de l'hôtel de Rome, arrivé en 1870, après plus de quinze jours! Donc, tout ce qui est basé sur ces données est faux, et, si le pays a échappé au fléau, c'est que la convention n'a pas été accomplie dans toute sa rigueur; c'est parce que les mesures prises à sa place ont été fondées sur les connaissances fournies par l'expérience.

Si la convention avait été écrite pour nous préserver du choléra, elle eût été admirable. On n'ignore pas les détails les plus insignifiants de l'évolution et du développement du bacillus virgule. Et celui du typhus ictéroïde n'est pas connu; on ne sait s'il se propage mieux par l'air ou par l'eau, ou par quelqu'autre véhicule ignoré.

Allons au fond de la question. La convention a voulu faciliter les relations commerciales sans péril pour la santé publique; en autres termes, elle a voulu réaliser l'aspiration suprême des Congrès internationaux d'hygiène; elle a voulu mettre de côté les conclusions de celui de Constantinople qui recommandait les quarantaines, pour soutenir avec ardeur celles de Rome et du Hâvre, pour réaliser enfin les théories de Proust et pour prouver qu'une désinfection bonne et scrupuleuse vaut mieux que la plus longue des quarantaines. Par la convention on créait le service des médecins embarqués, et c'est notre pays qui a été le premier à le réaliser, bien qu'il ne soit pas fait encore d'une manière régulière, car ce n'est qu'à présent que l'on parvient à obtenir des compagnies des packets qu'elles paient les inspecteurs sanitaires nommés par le gouvernement.

Nous avons déjà dit que le fait de déclarer exotique la fièvre jaune est une erreur, et nous le répétons. L'article premier dit: « Les trois hautes parties contractantes conviennent de déclarer: *maladies pestilentielles exotiques*, la fièvre jaune, le choléra-morbus et la peste orientale...» Ensuite on explique ce que l'on doit entendre par port infecté et suspect, ainsi que les cas où ils doivent être déclarés tels par le gouvernement suprême, à la demande de l'autorité sanitaire. Vient enfin la classification des objets qui doivent ou ne doivent pas être déclarés suspects.

Les navires qui veulent bénéficier de la convention doivent être pourvus:—d'une étuve à désinfection par la vapeur d'eau (la plus communément employée est celle de Geneste et Herschell); d'un dépôt de désinfection et d'instruments de désinfection, conformément aux indications du règlement sanitaire international; d'un livre de fournitures de pharmacie où l'on consigne la quantité et l'espèce des drogues ou médicaments qui se trouvent à bord au moment de la sortie du port de partance, ainsi que les approvisionnements qu'il pourrait avoir reçus aux ports d'escale; d'un livre de registre des recettes médicales; d'un livre clinique où l'on doit anoter avec le plus grand détail tous les cas de maladies arrivées à bord et les traitements respectifs; de la liste des passager avec noms, prénoms, âge, sexe, nationalité, profession et provenance; du rôle de l'équipage; du manifeste de chargement.

Les quarantaines sont de rigueur, d'observation et complémentaires pour compléter le maximum d'incubation de la maladie que l'on veut arrêter : dix jours pour la fièvre jaune, huit pour le choléra et vingt pour la peste orientale, affection qui, pour le dire en passant, est de trop dans la convention. La durée et l'objet des deux premières sont les mêmes que ceux qui sont déterminés dans les Congrès internationaux dont nous avons parlé, ce qui nous dispense d'entrer dans de plus longues considérations sur ce point, comme sur les autres qui sont touchés dans la convention en question.

Les trois Nations qui ont souscrit le traité n'en ont pas rempli les clauses principales; mais nous devons excepter la République Argentine qui a fait beaucoup plus que les autres. Elle entretient les inspecteurs, les lazarets et fait observer les quarantaines et pratiquer les désinfections sous la surveillance d'employés aptes et d'un navire de guerre. Le Brésil n'a jamais mis le ponton dont il est parlé au paragraphe 10.º de l'article 8 qui dit: «Est excepté de cette quarantaine (complémentaire) le navire de deuxième espèce (pour transporter les immigrants, c'est-à-dire les grands navires à vapeur qui, jouissant ou ne jouissant pas des priviléges de packet, porteront plus de cent passagers d'entrepont) qui venant d'un port manifestement propre et dans des conditions satisfaisantes de santé à bord, attestées par l'inspecteur sanitaire du navire, aura touché à Buenos-Aires, Montevideo ou Rio de Janeiro pendant un état épidémique et se sera borné à décharger ses passagers, laisser et recevoir la correspondance, pourvu que ces opérations aient été exécutées sur un ponton destiné à cet effet par l'autorité sanitaire, couvenablement situé, *libre de toute infection* (c'est nous qui

avons souligné ces mots) et dans des conditions satisfaisantes d'isolement, et, par conséquent, n'aura pas
reçu à son bord et n'aura eu de contact avec aucune
personne ni objet de ces ports. Ces faits seront établis
par document authentique, signé par l'autorité sanitaire
du port que le navire aura touché, visé par le consul du
pays de destination et attesté par un inspecteur sanitaire,
également du pays de destination.»

Cette clause n'a jamais pu être remplie, par la raison
déjà dite : au port de Rio, il n'y avait pas de ponton
dans ces conditions-là, et c'est pourquoi aucun navire
n'a pu arriver en libre pratique au Rio de la Plata.

L'année précédente, les inspecteurs s'embarquaient à
Bahia et à Pernambuco, à bord des navires qui devaient
toucher à Rio; mais, comme il n'y avait pas de ponton
lors de leur arrivée à ce port, ils subissaient une quarantaine complémentaire de six jours environ, pour compléter les dix de l'incubation maxima de la fièvre jaune.

Pour obvier à ce défaut de la part de la Santé Brésilienne, deux agents de lignes importantes ont proposé
de placer en face de Villegaignon des chaloupes désin-
fectées et sans équipage, pour opérer en quarantaine sous
la présence d'un inspecteur argentin. Cette proposition
n'a pas été acceptée parce que le point désigné est dans
l'intérieur de la baie, sous l'action de l'atmosphère méphi-
tique et contaminée. Le Département national d'hygiène,
qui connait de cette affaire, a indiqué, pour placer les chaloupes, la baie située entre le Pain de Sucre, et la forteresse
de San Juan; mais il parait qu'on se heurte à la grave difficulté de pouvoir y arriver à cause du fort tirant d'eau des
navires qui doivent opérer et de la violence des vagues.

De toute façon, on pourra obvier à cette difficulté en désignant un autre endroit, et on sera alors parvenu à réaliser ce qui n'est depuis si longtemps qu'une aspiration. Les idées modernes auront reçu la meilleure confirmation, et leur avantage sera démontré par l'expérience de ce pays-ci.

Les inspecteur de navires continueront de fonctionner, même quand la convention sera périmée.

Exercice de la médecine et des autres branches de l'art de guérir

Le Département National d'hygiène est aussi chargé de veiller sur l'exercice légal de l'art de guérir. Dans toutes les parties du Monde, l'exercice de ces professions est soumis à des règlements, à des pratiques générales et à des lois. Parmi nous, cette surveillance, dès les temps de la domination espagnole, était faite directement par le vice-roi, ou, en son absence, par l'autorité supérieure qui accordait la permission à des personnes sans compétence: c'était un favoritisme des plus accentués.

Après la déclaration d'indépendance, les autorités constituées mirent des restrictions à la libéralité professiennelle; elles donnèrent le droit d'exercer à des personnes de mérite et de savoir reconnus. Comme il arrive dans tout pays jeune, l'empirisme *(curanderismo)* était tellement répandu que les mesures les plus énergiques n'auraient pu le réprimer. Le manque de médecins l'encourageait et facilitait son essor. Aujourd'hui même, au sein des populations éloignées qui n'ont pas de médecin diplômé, les empiriques sont à l'oeuvre, et on ne les poursuit pas parce que c'est l'amour du prochain qui a donné naissance à la médecine.

Quand l'Ecole de Médecine, que l'on avait enfin fondée, se fut régularisée et commença à fournir des sujets compétents qui, ajoutés aux sujets étrangers, formèrent le premier noyau, on pensa à reprimer l'empirisme sur les points où il y avait des médecins pour mettre fin aux abus et aux périls que l'ignorance ne cessait d'engendrer.

Toutes les provinces ont leur règlements sur l'exercice de la médecine, et l'on remarque chez chacune d'elles des changements relativement aux personnes autorisées à exercer exclusivement sur leur territoire. A l'exception de l'Entre-Rios, qui d'après son règlement de police (il n'y a pas de loi), peut autoriser l'exercice, toutes les autres exigent le diplôme national de la Faculté respective. Mais comme tous les départements ne peuvent avoir un médecin à cause de la faible densinté de la population, le Président du Conseil Provincial accorde un permis conditionnel qui n'excède pas six mois, et seulement tant qu'il ne se présentera pas de diplomé dans la localité, lequel permis comprend toutes les branches de l'art de guérir.

Le Département National d'hygiène suit exactement la même marche pour les territoires fédéraux.

La loi qui régit la capitale et les territoires fédéraux est semblable à celle de la Province de Buenos Aires, adoptée en 1877; mais il faut observer qu'elle n'était pas incluse dans la loi générale de fédéralisation en 1880. C'est pourquoi les juges se déclaraient incompétents quand on leur dénonçait les infracteurs, ou, pour mieux dire, ils se mirent à discuter la validité de la loi : cet oubli, nous l'avons déjà dit plus haut, fut réparé par le docteur Udaondo, ex-président du Département, qui obtint qu'elle fût confirmée par le Congrès en octobre 1891.

Cette loi, en égard à l'état actuel des choses, est incontestablement défectueuse; elle est par trop libérale; par conséquent elle donne lieu à beaucoup d'abus; très souvent on l'a vue mettre en péril la vie des malades, parce qu'elle n'établit pas d'une manière précise la responsabilité du professeur.

Pour exercer légalement la médecine ou la profession de pharmacien, il faut avoir un diplôme décerné par les Facultés nationales, avoir inscrit son nom et fait enregistrer sa signature dans des livres spéciaux au Département d'hygiène.

Les pharmaciens ne peuvent donner cours aux prescriptions des médecins, vétérinaires, dentistes qui n'ont pas rempli cette dernière condition.

L'article 5 établit le concours que toutes les autorités doivent au Conseil pour empêcher l'exercice illégal de la profession.

D'autres articles déterminent imparfaitement la responsabilité qui incombe aux professeurs dans les cas de faute grave ou de négligence coupable.

Le secret médical est établi par l'article 7; mais cette prescription disparaît, quand il s'agit des cas spéciaux qui pourraient mettre en danger la santé publique, et quand les lois pénales l'exigent ainsi. Le chapitre II règlemente les autres actes de la profession médicale. relativement au certificat de décès (complété aujourd'hui par l'article 71 et d'autres articles de la loi du Registre Civil), à la prescription, etc. etc.

Quant à l'exercice de la pharmacie, la loi a été également libérale pour les mêmes raisons.

Les pharmaciens étaient peu nombreux: ceux qui se vouaient à l'exercice de cette profession l'étaient oncore davantage. C'est ce qui fait que nous nous trouvons aujourd'hni en présence d'un contre-sens: la pharmacie aux mains d'un *regente* (gérant). Il arrive souvent que le directeur de l'établissement est une personne étrangère: elle n'y met les pieds que de temps à autre, quand elle s'attend à une visite officielle pour faire acte de présence. Elle vend sa responsabilité et ne peut, en aucune façon, avoir un véritable intérêt pour ce qui ne lui appartient pas.

D'après la loi, un pharmacien ne peut diriger qu'un établissement. Tout établissement doit avoir un commis capable (art. 19) pour remplacer le directeur pendant les absences rendues nécessaires par les besoins de la famille, du commerce et de la vie sociale. Pour des absences plus prolongées il faut un permis préalable de l'autorité compétente et laisser un substitut.

Les autres articles ont trait à la règlementation, par exemple, les conditions de la pharmacie relativement au local, le livre des recettes. Est absolument prohibée aux pharmaciens, droguistes, ou à qui que ce soit, toute vente de remède secret, spécifique ou préservatif de composition ignorée, sans l'autorisation préalable du Conseil.

Le chapitre IV est consacré aux sages-femmes, den_ tistes et phlébotomistes.

Les premières ne peuvent donner que les soins les plus simples inhérents à l'accouchement; dans les cas difficiles, tels que position vicieuse, présentations anormales, hémorrhagies, elles doivent demander immédiatement le concours du médecin.

Les dentistes ne peuvent rendre que les services spéciaux de leur art; leurs recettes sont expédiées dans les pharmacies; mais elles doivent se borner à l'usage externe et faire abstraction de tout médicament héroïque.

Les phlébotomistes ne peuvent opérer de saignées que par l'ordre formel du médecin.

Quant aux vétérinaires, la loi n'a pas de prescriptions qui méritent une observation spéciale.

Mais ce qui doit fixer l'attention, c'est le dernier chapitre. — Dispositions pénales qui spécifient les peines infligées aux infracteurs de la loi. — La première infraction est passible d'une admonition ; la deuxième, d'une amende de deux cents piastres; la troisième, du double; la quatrième, de la prison à raison d'un mois pour chaque 200 piastres, sans compter la responsabilité criminelle que peuvent encourir les infracteurs. Le Conseil est autorisé à les suspendre dans l'exercice de la profession temporairement ou définitivement.

Dans les cas où les amendes ne sont pas payées, le juge du crime, qui est en fonction, ordonne l'arrestation.

Sur ce point, la loi est également défectueuse, à cause de la lenteur que l'on met à exécuter les dispositions du Conseil, à tel point que, bien des fois, quand on va appliquer le correctif, il n'y a plus lieu de le faire.

Voici quelle est la marche à suivre. L'article 48 arrête « qu'il pourra en être appelé des résolutions du Conseil dans le terme péremptoire de cinq jour, à un jury composé du juge du crime en fonction comme président, de deux professeurs de médecine, deux avocats et un pharmacien nommé à cet effet; le conseil mettra chaque année dans l'urne les noms de vingt professeurs de médecine, vingt avocats et dix pharmaciens.» Au moment de connaître de l'appel, le juge du crime tire au sort les noms mis dans l'urne, publiquement, en présence de l'intéressé. Le verdict de ce jury est sans appel.

Il ne s'est pas écoulé une année sans qu'on ait soumis un projet de loi sur cette matière à l'approbation du Congrès, et jusqu'à présent on n'a rien obtenu.

Le dernier, très complet et élaboré d'accord avec la déontologie moderne, par la commission de pharmacopée argentine, fixe nettement la responsabilite des professeurs dans les diverses branches de l'art de guérir: il defend aux médecins de s'associer à des personnes étrangères pour l'assistancès des malades, de vendre ou de prêter leur nom pour couvrir les actes professionnels des profanes. Il suprime aussi les régences (gérances), et fait de la pharmacie un ministère sacré. On écarte ainsi tout motif d'exploitation vualgaire.

Les phlébotomistes disparaissent, les dentistes et les vétérinaires sont consideré comme médecins ou pharmaciens en ce qui concerne la responsabilité. Dans l'art du vétérinaire il n'y a pas de secret.

Les sages-femmes sont l'objet d'une attention particulière; divers articles établissent clairement le rôles qu'elles doivent jouer en présence d'un accouchement. Immense est la responsabilité qui leur incombe dans les cas d'infection puerpérale par suite d'ignorance ou de négligence coupable.

Le chapitre des dispositions pénales se fait remarquer par sa sobriété et son énergie. Le président du conseil applique les peines, amendes et prison; on peut en appeler de ses décisions devant le conseil; le jugement de celui-ci est sans appel. L'aceusé peut présenter sa défense oralement ou par écrit. La police et les juges respectifs doivent prêter le concours nécessaire pour exécuter fidèlement et en peu de temps toutes les parties de la santence. La brièveté des formalités permet au correctif d'arriver à propos.

LAZARETS

La convention sanitaire internationale, dont nous nous sommes occupés plus haut, prescrit que chacun des pays contractants doit défrayer au moins un lazaret fixe, des lazarets et des hôpitaux flottants.

Le premier, qu'on appelle propre, est destiné à recevoir les passagers qui ne présenteront aucun symptôme d'affection exotique, pour leur faire subir la quarantaine de rigueur ou la quarantaine complémentaire; dans les lazarets malpropres, on reçoit les sujets suspects, c'est-à-dire, ceux qui on été en contact avec des personnes malades; et enfin, dans les hôpitaux on doit recevoir les individus venant de navires infectés ou des lazarets propres et malpropres.

La seule nation qui ait exécuté cette partie du traité, c'est la République Argentine; la Bande Orientale n'a que le lazaret fixe de l'île de Florès, de même que le Brésil n'a que le lazaret fixe de l'île Grande, à soixante milles au sud de Rio-Janeiro.

Cette même convention établit que ces trois installations doivent avoir des étuves de désinfection et des appartements spéciaux pour les maladies communes.

L'isolement de chaque groupe de personnes seines ou malades comprend aussi le personnel de service.

La République Argentine, avons-nous dit, est le seul des trois pays contractants qui ait exécuté strictement cette prescription de même que les autres articles de la convention: elle a établi un lazaret fixe à l'île de Martin Garcia, à quatre heures de marche de Buenos-Aires environ. Cet établissement mérite, pour ses commodités, qu'on lui consacre deux mots. C'est peut-être un des meilleurs qu'il y ait au monde, grâce à l'empleur et à la disposition des pavillons, grâce également à la perfection des étuves de désinfection.

Le hangar de désinfetion est construit conformément aux derniers progrès de l'art. Il contient sept étuves, partagées en deux compartiments pour la linge propre et pour le linge sal, de manière à établir la séparation la plus complète. La chambre chimique, que l'on vient de construire, pour désinfecter les objets qui n'ont pas pu subir cette opération dans les étuves, a une capacité de 160 mètres carrés.

Le lazaret dispose encore de deux fours crématoires: l'un est divisé en quatre niches ou sections pour brûler un cadavre séparément et pouvoir en redueillir les cendres; l'autre a deux sections; il est assez large pour brûler jusqu'à soixante cadavres à la fois et même d'avantage.

Les latrines sont des fosses imperméables que l'on vide au moyen de chars atmosphériques; les résidus sont jetés dans des puits, qui ont été désinfectés au préalable.

Le lazaret tout entier occupe une surface approximative de 170.000 mètres carrés. Les pavillons de première classe ont une longueur de 60 mètres sur 12 de large, ce qui fait une surface de 720 mètres carrés pour chacun.

Chaque pavillon a 14 chambres de chaque côté, capables de contenir deux personnes. La hauteur du plafond est de 6.50 m.; par conséquent cela fait 67.50 mètres çubes d'air por chaque passager.

Chaque pavillon est entouré de galeries proportionnelles, et l'espace de terrain intermédiaire est cultivé en beaux jardins.

Les pavillons pour immigrants ont 64 mètres 20; chacun a 472 couchettes superposées; il est entouré comme ceux de première classe de galeries et de jardins. La hauteur du plafond et des parois latérales est égale à celle des autres pavillons. La capacité cubique d'air de chacun est de 7042.24 m. La ventilation se fait largement au moyen de fenêtres percées dans les parois latérales.

Le parquet de bois de tous les pavillons est placé á $0^m.50$ au dessus du sol. Les eaux de pluie sont recueillies dans de petits canaux convenablement distribués.

Les cuisines de troisième classe sont à vapeur; quatre grandes, avec capacité pour 1200 personnes et deux petites, pour 600 personnes chacune; par conséquent on peut nourrir 6000 personnes à la fois.

Tout le personnel du Lazaret est sous les ordres d'un intendant, chargé d'entretenir les relations avec le Département et sur qui pèse toute la responsabilité. Un médecin est chargé du service des maladies communes; l'autre est à la tête du pavillon d'Isolement.

La pharmacie est bien montée. Il y a des promenades pour les passagers, ce qui rend le séjour de la quarantaine moins ennuyeux.

Des jeux de diverse nature contribuent à atteindre le même résultat. Enfin, pour nommer toutes les circonstances attrayantes de l'établissement, il faut citer le pavillon-salle à manger à forme circulaire, où l'on fait de la musique, le soir.

Le plan qui acompagne ce livre, donne une idée achevée de que vaut et de ce que représente le lazaret fixe de Martin Garcia.

L'hôpital flottant «Rodolphe del Viso», ainsi nommé pour rendre hommage à la mémoire de l'infortuné médecin Argentin qui sacrifia sa vie dans l'acomplissement d'une mission sacrée, est construit sur la base du navire «Singapore»; il contient des chambres de désinfection et toutes les ressources nécessaires pour soigner les malades.

Pendant l'été il est mouillé dans la rade extérieure, où il reçoit les malades des navires infectés venant de Rio et de Santos; pendant l'été dernier, on y a assisté 56 individus atteints de la fièvre jaune.

Il peut loger commodément jusqu'à 300 malades.

Le lazaret flottant est également un grand navire, pouvant contenir 300 personnes et ayant à sa disposition étuve, chambre chimique, pharmacie et les autres ressources indispensables.

Il est destiné à recevoir les passagers suspects, c'est-à-dire ceux qui se sont trouvés en contact direct ou immédiat avec les individus attaqués.

Nous parlerons de la Maison d'Isolement de Buenos' Aires à la section où il sera question de l'Assistance Publique.

Certaines provinces disposent de lazarets pour y mettre les individus atteints de maladies contagieuses; Tucuman en a construit un à la suite de la dernière épidemie de choléra, qui sert actuellement pour les individus atteints de la petite vérole.

Salta et Mendoza on tégalement le leur.

ECHELLE — I. 2.000

Lazaret d'observation à l'ile de Martin Garcia

A—Administration, pharmacie.
B—Pavillons pour passagers de première classe.
1 á 8 Id.   id.   troisième idem.
C—Cuisines de 1re et 3e clase.
C—Salle à manger pour passagers de 1re classe.
D—Pavillon de désinfection avec étuves Geneste et Herschell.
D—Pavillon pour dépôt d'équipages.
E—Infirmerie pour affections communes.
F—Bains pour passagers de 1re classe.
G—Dépôt d'articles divers.
H—Hôpital d'isolement.
I—Dépôt de matelas, couvertures.
J—Id. de matériaux et ateliers.
K—Fours crématoires.
K—Cheminée pour id. (hauteur 26 m.)
L—Lavoirs, bassins.
L—Dépôt pour la désinfection de l'eau des lavoirs.
O—Chambre en briques pour la désinfection chimique.
M—Moteur pour la provision d'eau.
N—Dépôt des eaux courantes.
O—Petites maisons pour les domestiques.
P—Ecurie.
R—Ex-Restaurant.
W—Latrines avec 12 inodores chacune.
— —Conduite souterraine (principale) pour les eaux courantes.
=Voie ferrée Decauville.
Clôture de circonvallation, en fil de fer, limite du lazaret.

CONSERVATOIRE NATIONAL DE VACCINE

VACCINATION DANS LA RÉPUBLIQUE

L'importance et l'utilité de la vaccine comme prophylactique de la petite vérole ne sont plus à discuter; tout cela est tombé dans le domaine de la science. La terrible affection a disparu, pour ainsi dire, des tableaux nosographiques; l'Allemagne et les autres grandes nations de l'Europe, qui ont établi partout des Instituts et distribué régulièrement le cow-pox, nous autorisent à nous exprimer de cette manière. Nous pourrions citer dans ce sens de nombreux exemples pris même parmi nous.

Nous avons déjà vu comment et à quelle époque la vaccine arriva dans notre pays; nous avons vu également l'enthousiasme qu'elle excita dès les premiers moments, enthousiasme qui permit au gouvernement de Rivadavia d'adopter des mesures ayant pour but la propagation du virus.

Nous avons remarqué aussi qu'à cette époque, on avait, en une année opéré bien plus de vaccinations qu'on n'en avait fait dans le même laps de temps, bien long-temps après.

Mais, après l'époque de Rivadavia, les besoins du pays firent oublier aux habitants et aux autorités l'importance

5

du cow-pox, et ce n'est que depuis peu de temps que nous avons vu le commencement d'une réaction sérieuse contre un oubli nuisible.

Toute la République sans excepcion a eu à subir pendant plusieurs années les ravages de la petite vérole: il est fort à regretter que, pour des causes indépendantes de la volonté des autorités, on n'ait pu dresser au moins une statistique détaillée de la mortalité, afin d'être à même d'apprécier actuellement les bienfaits de la vaccination; cependant, la capitale, une grande partie de la province de Buenos-Aires, et certaines autres Provinces, dont nous consignerons plus loin les renseignements, donnent une idée des progrès qui ont été réalisés à cet égard.

Ce sont surtout les provinces de Tucuman, de Salta et de Cordoba qui ont eu à subir en 1878 les horreurs de l'épidémie, à tel point que, d'après un journal publié dans la première d'entre elles au moment où l'épidémie avait à peu près cessé, il n'était presque pas resté d'enfant qui n'eût été attaqué.

A Buenos-Aires où les renseignements ont été recueillis plus avec plus de soin, on observe dans les chiffres de la mortalité une différence remarquable d'une année à l'autre.

Pendant la période de dix ans qui s'étend de 1850 à 1860, le chiffre de la morbi-mortalité n'a pas dû appeler l'attention, probablement par suite du manque de renseignements; en 1860 non plus, on ne trouve rien de remarquable, quant à l'accroissement de la mortalité.

En revanche l'année 1862 présente un accroissement, comme si elle avait voulu remplir les vides laissés par les années précédentes; de 1865 à 1870, l'accroissement a eu lieu graduellement; enfin en 1871 la mortalité atteint un maximum alarmant de 1650 décès, d'après un tableau spécial dressé par le docteur Penna. Des oscillations violentes se font sentir j'usqu'en 1882, époque à laquelle la mortalité est également forte. De 1879 à 1888 — dix ans — cette fièvre éruptive a causé 6510 décès, d'après le docteur Martinez Rufino; d'après ce même médecin, on avait remarqué une baisse à partir de 1888, époque à laquelle la vaccination se fit d'une manière régulière et où l'on prit des mesures de précaution beaucoup plus énergiques. Cette année vit 657 décès distribués par mois de la manière suivante par ordre de décroissance: Janvier 147, Février 81, Mars 85, Avril 76, Mai 75, Juin 75, Juillet 63, Août 22, Septembre 16, Octobre 6, Novembre 8 et Décembre 3.

Nous empruntons les passages suivants à divers Mémoires publiés par le docteur Meza, ex-directeur de l'administraction de la Vaccine, mort en 1888, et à d'autres Mémoires du directeur actuel, le distingué médecin, docteur Pedro J. Acuña, qui est aujourd'hui à la tête de l'institution; nous croyons ainsi faire une exposition plus fidèle des tentatives qui ont eu pour but de compléter l'organisation du service national de la vaccine. Mais auparavant, nous commencerons par rattacher à cette œuvre sainte les noms des citoyens distingués, qui ont contribué à l'établissement de l'institution. Ce sont le docteur Saturnino Segurola, cité ailleurs, apôtre ardent de la propagation du Cow-pox dès son arrivée á Buenos-Aires; le docteur Juan Madera, premier administrateur nommé en 1821, qui mourut dix ans après et fut remplacé par le docteur Garcia Valdez, mort en 1848; le docteur Saturnino Pineda, successeur du précédent, qui donna sa démision en 1852 et mourut, il y a peu d'anneés. Depuis cette époque jusqu'en 1874, date de la nomination du docteur Maza, la place a été occupée successivement par les docteurs Francisco de Paula Rivero, Irineo Portela, Luis M. Drago, Pedro A. Matos, le sévère professeur de thérapeutique et le docteur Evaristo Pineda.

Actuellement, elle est ocupée par le docteur Pedro J. Acuña.

Les premières vaccinations officielles à domicile furent faites en décembre 1882, conformément à l'arrêté de la commission municipale; mais les résistances à vaincre étaient si générales que la statistique n'en ressentit guère l'influence.

Il y eut des moments où la vaccination facultative arriva à un tel degré de décadence que l'administrateur fit réduire le nombre des pratiquants à cinq, et même à trois.

Au mois de mai de la même année, on fonda l'administration Nationale de la Vaccine, qui se mit à employer le vaccin animal importé d'Europe par certains pharmaciens.

Mais ce bureau cessa d'exister à la fin de 1883: on avait vacciné dans le cours de la saison 878 personnes.

Soit à cause des avantages que présente le vaccin animal, soit à cause de la résistance opposée par le public au vaccin humain, à partir de 1869 on a effectué à diverses reprises des inoculations de virus pris à certaines vachse de la campagne, mais sans résultat; car les pustules développées sur ces animaux se trouvaient être impétigineuses, ou présentaient un autre caractère. Ce n'est qu'en juin 1884 que l'on parvint à inoculer avec succès, à l'administration municipale, le cow-pox fourni par le distingué docteur Juan José Diaz, directeur du conservatoire

de Santa Catalina, défrayé par le Gouvernement de la
Province de Buenos Aires.

Malgré cet événement que le docteur Maza s'empressa
de communiquer au public, le nombre des vaccinés n'atteignit pas les chiffres les plus élevés des années précédentes; enfin, en 1886, la Province de Buenos Aires promul-
gua une loi qui déclarait obligatoire la vaccination dans le
terme d'un an après la naissance, et la revaccination qui
devait se faire tous les dix ans, sous peine d'une amende
de dix piastres infligée aux parents ou aux personnes
ayant charge d'enfants qui ne l'auraient pas exécutée.

En décembre de la même année, le Conseil Délibérant
de la capitale vota l'ordonnance promulguée par M. Alvear, Intendant municipal, le 5 janvier suivant, et
dont les articles imposent l'obligation de la vaccination
dans les six mois à partir de la naissance, et prescri-
vent aux bureaux du registre civil de remettre tous
les six mois une copie légalisée des naissances, en
indiquant le domicile des parents à la Direction de l'Assistance Publique. Les revaccinations doivent être faites
tous les dix ans, gratuitement par les médecins municipaux,
qui remettront un certificat à l'intéressé ou à sa famille;
les pères, mères et tuteurs des enfants encourront la peine
de dix piastres nationales d'amende pour la première
infraction et de vingt pour les suivantes, sans compter
l'obligation d'effectuer la vaccination.

Cette même ordonnance détermine les mesures à prendre
pour la propagation et crée une commission, formée des
personnes chargées de l'inoculation et d'un médecin spé-
cialiste en micrographie, présidée par le directeur de
l'administration de la vaccine dont les obligations sont:

1º Diriger, surveiller et contrôler le service général de la vaccination, en même temps que proposer les nominations des vaccinateurs de son département.

2º Veiller à ce que tous les immigrants qui arrivent au pays soient revaccinés sans exception aucune; à cet effet, on s'entendra avec les autorités supérieures.

3º Organiser un Institut de vaccine animale et recueillir tout le vaccin nécessaire, en le gardant toujours en quantité suffisante pour toute éventualité.

4º Encourager la propagation de la vaccine en dehors du municipe et prendre toutes les mesures nécessaires pour mieux atteindre le but de cette ordonnance.

5º Présenter chaque année un mémoire détaillé du service des vaccinations et revaccinations, en indiquant les personnes qui méritent d'être encouragées pour leur zèle et leurs travaux.

Il est créé un prix de quatre mille piastres nationales qui sera décerné aux personnes qui remettront une vache ou une jument ayant des pustules vacciniques spontanées; la Municipalité fera frapper tous les ans une médaille d'or et trois médailles d'argent qui seront remises avec un diplôme aux médecins ayant effectué le plus grand nombre de vaccinations réussies, ou qui auront travaillé à la diffusion de la vaccine.

D'accord avec cette ordonnance, on créait 42 pratiquants extraordinaires, qui doivent vacciner à domicile sous la direction des médecins de section, indépendamment de l'administration qui continuait à fonctionner avec six pratiquants et un commis aux écritures.

Il ne semble pas que les pratiquants à domicile aient donné les résultats que l'on espérait, car le Mémoire de l'année 1887 fait remarquer que l'on avait vacciné un plus grand nombre de personnes au bureau de l'administration qu'à domicile.

Les médecins de section ainsi que les pratiquants se bornaient à vacciner dans les *conventillos* et dans les maison *d'inquilinato* (¹) de sorte que l'ordonnance n'était pas strictement exécutée et qu'on ignorait les résultats, car ce n'est que par exception qu'on allait faire des vérifications à domicile, et les choses se passaient à peu près de même pour les vaccinés du bureau qui ne revenaient qu'en très petit nombre.

Nous n'avons pas connaissance que la commission des vaccinateurs se soit réunie avec les spécialistes en micrographie pour atteindre le but indiqué dans l'ordonnance.

On n'a pas créé l'Institut de vaccine animale; il n'y a pas eu lieu d'adjuger le prix ni les médailles mentionnées plus haut.

Les pratiquants de l'administration qui, pendant les années précédentes, allaient vacciner à l'Asile des Immigrants et dans certains établissements d'instruction, ont réduit leur action au domaine du Bureau, par suite de la nomination d'employés spéciaux pour l'Asile et de la création du Corps médical scolaire qui, jaloux de ses attributions, n'a pas permis que d'autres personnes vinssent s'ingérer dans la vaccination des écoles.

---

(1) Les maisons *d'inquilinato* sont des maisons divisées en un grand nombre d'appartements, qui ne se distinguent guère des *conventillos* que par un peu plus de luxe, où l'entassement des familles est moins considérable et par conséquant donne lieu à de moindres inconvénients, au point de vue de l'hygiène.

(Note du traducteur.)

Ces circonstances ont indubitablement contribué à faire tomber au minïmum le chiffre des vaccinés pendant la dernière année de l'administration du docteur Meza, qui est mort vers la fin de 1888.

Au commencement de 1889, on a augmenté le personnel du Bureau sans grossir le budget, en y faisant entrer les 42 pratiquants qui accompagnaient les médecins de section. Leur concours permit d'entreprendre la vaccination dans tous les *conventillos* et maisons *d'inquilinato* de la ville, et de l'étendre plus tard aux maisons de famille: ce plan devait donner pour résultat la disparition de l'épidémie la plus considérable que l'on eût vue depuis plusieurs années; on parvint ainsi à bannir la petite vérole; ce qui démontre l'insuffisance de la vaccination dans le municipe, défaut qui provient, premièrement de ce que les habitants n'y songent que pendant les épidémies, et aussi, de ce que les autorités, considérant la vaccine comme une ressource du moment, thérapeutique, peut-on dire, au lieu d'y voir ce que c'est en réalité, un prophylactique, ne fournissaient pas au Bureau les moyens suffisants pour faire jouir la population d'une immunité continue.

Le Mémoire respectif rend compte de la manière dont on organisa le service de la vaccine en cette circonstance.

Les 42 pratiquants furent distribués dans les 21 premières sections; ils devaient passer aux suivantes au fur et à mesure qu'ils avaient fini leur tâche.

Ils consacrent trois jours de la semaine à vacciner; certain jour désigné pour chaque commission, ils se rendent au Bureau pour y faire les annotations correspondant à leur service.

A la fin de chaque mois, ils présentent un tableau statistique des personnes qu'ils ont vaccinées, et à la fin de l'année ils en font le résumé général.

Chaque partie des Registres porte maintenant le nom des pratiquants qui ont effectué les inoculations.

Toutes ces mesures tout pour but d'exercer un contrôle indirect, efficace, autant que possible, car l'administration ne dispose pas des moyens indispensables pour l'effectuer directement à domicile.

On emploie pour les inoculations le vaccin animal fourni par le Conservatoire de Santa Catalina, et gardé dans des plaques de verre avec un mélange de glycérine en proportions variables, pour lui donner une consistance molle, semi-liquide.

Tout cela fait que, si l'on n'a pas observé de phénoménes septique par suite de l'excellence du véhicule, la quantité de virus satisfaisante en général varie fréquemment; il peut aussi se faire qu'il faille attribuer cela au temps écoulé depuis la récolte, lequel temps pendant l'an dernier n'a pu être connu que par exception, malgré les efforts tentés à cet effet.

Dans les cas réfractaires aux inoculations il reste toujours un doute: à savoir s'il y a réellement manque de réceptivité, ou si l'insuccès de l'inoculation d'épend de l'emploi d'un vaccin de vieille date, trop délayé; or, ces doutes n'auraient pas de raison d'être, si l'Administration se plaçait dans les conditions voulues pour l'employer au moment de sa plus grande virulence.

L'action étant bornée, réduite aux inoculations, on prend les mesures nécessaires pour éviter l'introduction, dans l'organisme des produits septiques ou des germes de maladies transmissibles; pour cela on a recours à la propreté et à la stérilisation des lancettes par l'eau chaude ou par la flamme de l'alcohol; à cet effet, chaque commission de pratiquants a été pourvue de la lampe respective.

Le procédé adopté consiste à faire quatre petites incisions en forme de dièze, dont on met deux sur chaque bras, à la partie supérieure de la région deltoidienne, horizontalement sur les filles et verticalement sur les garçons.

Dans les revaccinations on fait trois inoculations à chaque bras dans le but d'étendre la surface d'absorption de la vaccine.

Chaque commission est obligée de parcourir pour la seconde fois les domiciles, afin de vérifier le résultat obtenu et de l'annoter; on peut en tout temps accorder le certificat nécessaire pour que les enfants soient admis aux écoles et exemptés d'une nouvelle vaccination pendant dix ans, d'accord avec l'ordonnance municipale relative à la matière.

Les résistances opposées dans les maisons *d'inquilinato* n'ont pas été insurmontables.

Le cas ne s'est pas présenté, et il faut s'en réjouir, où l'on ait dû recourir aux peines établies par l'ordonnance; il a suffi le plus souvent de la persuasion, et, par exception, de la présence de l'inspecteur municipal ou d'un *vigilante* (soldat de police) pour faire disparaître complètement l'opposition aux inoculations.

L'arrivée des immigrants a atteint en 1889 des proportions extraordinaires; plusieurs fois, on a vu débarquer des centaines d'individus attaqués de la petite vérole.

Les malades passaient á la maison d'Isolement, mais un nombre considérable de nouveaux venus importait la maladie à l'état d'inoculation dans leurs logements respectifs.

C'est ainsi qu'on observe que des *conventillos*, soumis à une vaccination régulière, présentent bientôt après des cas de petite vérole: ce sont presque toujours des passagers venus de quelque packet avec des varioleux, et qui se sont répandus dans la ville sans la vaccination préalable. On recommence les inoculations; on les étend alors aux maisons limitrophes, et celle-ci deviennent, à cause de la résistance des familles, autant de moyens de généralisation pour les répandre dans le voisinage.

Dans le but d'obtenir le plus grand assentiment possible, on a eu recours à d'autre moyens. On a fait publier dans les journaux le domicile de l'Administration qui ne figurait dans aucun des *guides* de la Capitale, de même que les heures de fonctionnement du Bureau; ou a imprimé l'ordonnance sur la vaccine obligatoire; on a fait connaître la gratuité du service, ainsi que son efficacité dans toutes les saisons de l'année; on a offert de faire les inoculations dans les maisons infectées partout où on le demanderait.

Cette ordonnance était distribuée à toutes les personnes qui venaient au Bureau.

On envoyait à domicile des avis annonçant qu'on allait procéder à la vaccination avant de s'engager dans telle ou telle rue; on invitait les chefs de famille à prêter leur concours pour leur bien propre et pour celui de l'humanité.

Les conséquences de cette propagande se sont fait sentir au Bureau; on a vu se multiplier le chiffre des vaccinés, qui depuis lors continue d'être le double ou le triple de celui des mois précédents.

Quant à la vaccination à domicile, on a obtenu aussi quelque chose; mais la population réfractaire est encore considérable, au moins dans le rayon limité par les rues de Patagones, Entre-Ríos, Callao, Paseo de Julio et Paseo Colon; jusqu'à présent il n'a pas eté possible d'y faire pénétrer la vaccination dans les maisons de famille.

Lorsque, par la publication quotidienne des décès, par des communications de l'Assistance Publique ou par des rapports des pratiquants, on a connaissance de quelque cas de petite vérole, on fait vacciner immédiatement au domicile de la personne désignée et dans les maisons limitrophes.

Mais cette mesure précautionnelle reste sans effet; d'abord à cause des résistances dont nous avons déjà parlé, et aussi à cause du manque de précision des renseignaments relatifs aux décès, car on dit la rue sans indiquer le numéro, et souvent le numéro, indiqué dans les décès, n'existe pas.

On a vérifié également l'existence de malades qui n'avaient pas reçu d'assistance médicale, tenue cachée à dessein, pour éluder de cette manière les mesures prophylactiques; il en résultait qu'on avait connaissance du décès, mais non du cas, et que l'on avait le regret de perdre pour la vac cination le temps écoulé dans l'évolution de la petite vérole, de sorte que les inoculations venaient tard, ou que, si le malade se tirait d'affaire, elles ne se faisaient pas, et que l'affection clandestine continuait de sévir indéfiniment.

On croyait obtenir le *desideratum* déjà presque atteint dans les villes où la vaccination obligatoire a été établie depuis quelques années : éteindre la petite vérole par l'épuisement de la réceptivité.

Mais, parmi nous cette satisfaction ne sera possible de longtemps : tant que le vaccin ne sera inoculé avec régularité que dans les maisons *d'inquilinato*; tant qu'il y aura une importation considérable du germe varioleux et de personnes capables de le recevoir; tant que les employés chargés de la vaccination dans la rade et à l'asile des immigrants, le corps médical scolaire et cette administra tion ne formeront pas un corps homogène dépendant d'un seul centre, capable de condenser son action sur un district entier avec ses *conventillos* et ses maisons particulières, ses écoles, ses asiles, &, &.

Le Mémoire de 1890 nous apprend que la vaccination s'est opérée malgré une certaine opposition du public.

L'obstination dans la résistance est arrivée parmi nous, à certaines époques, au point d'induire les autorités sanitaires à renoncer à l'inoculation dans les maisons de famille infectées de peur de discréditer la vaccination; on sacrifiait ainsi les vérités scientifiques à un préjugé sans fondement.

L'imminence du danger réclame, au contraire, la vaccination dans le plus bref délai possible aux domiciles infectés par les varioleux, pour prendre les devants sur la contagion, pour en empêcher ou en adoucir les effets, pour étendre la vaccination aux maisons limitrophes, pour conjurer l'épidémie par la stérilisation du terrain favorable à son développement.

Pour les raisons énoncées ci-dessus, on opposait une résistance obstinée; il arrivait souvent que les pratiquants revenaient avec de longues listes de rebelles, sans compter ceux qui refusaient de donner leurs noms: tout cela était porté à la connaissance de M. l'Intendant pour 'lui demander' l'accomplissement de l'ordonnance relative à la matière. A cet effet, on employait un procédé tacitement combiné entre M. l'Inspecteur général et cette administration : le but de l'ordonnance était atteint sans recourir à des amendes toujours odieuses; car les infracteurs, aussitôt après avoir reçu leur billet d'intimation, se hâtaient de se présenter au bureau; on procédait alors à la vaccination; on mettait le certificat avec le sceau apposé à l'envers du billet; on faisait grâce de l'amende; chaque infracteur allait raconter l'histoire et devenait un agent de propagande moralisatrice qui convertissait les dissidents.

Les avis portés à domicile avant de procéder à la vaccination de chaque quartier, la distribution de l'ordonnance à toutes les personnes qui venaient à l'Administration, enfin la persuasion dans tous les cas, voilà autant de circonstances qui ont contribué à augmenter considérablement le chiffre des vaccinés et l'ont porté de 941 à 18.349.

La persévérance dans la propagande et le concours prêté par les autorités ont fait monter le chiffre des vaccinés à 38.247; il est vrai que l'accroissement végétatif exige la vaccination continue dans le Municipe, mais il faut espérer aussi que, grâce à l'impulsion de ces dernières années, nous n'aurons plus que des cas isolés de petite vérole, au moins tant que l'Administration disposera des moyens nécessaires pour compléter sa tâche.

Le nombre des certificats et des domiciles infectés pen_

dant la dernière épidémie, époque à laquelle on a procédé immédiatement à la vaccination, a eu aussi un accroissement proportionnel; et, comme la vérification du résultat des inoculations a été faite irrégulièrement à domicile depuis l'an passé, car on vaccinait pour la seconde fois quand la première opération était négative, la population est à présent mieux préservée, et l'Administration se trouve dans des conditions plus avantageuses pour accorder le certificat de coutume à ceux qui ont rempli les prescriptions de l'ordonnance. Dans la vérification effectuée par ce Bureau on n'a pas observé un seul cas d'infection étrangère à la vaccine, ce qui dissipe les craintes de ceux qui ne veulent pas se faire vacciner et perdent de vue les droits de ceux qui ne veulent pas être atteints de la petite vérole.

Les conservatoires de Santa Catalina, de Montevideo et de Palermo présentent donc toutes les garanties désirables à cet égard.

Quant à la qualité du virus fourni par chacun de ces établissements, il en a été fait un contrôle minutieux : on a inoculé aux mêmes personnes du vaccin provenant de sources différentes, et par conséquent se trouvant à l'abri de l'immunité préexistante, ce dont on aurait pu faire un argument dans l'un on l'autre cas pour changer le sens que lui donnerait la statistique comparative.

Dans le premier calcul, Santa Catalina a fourni le meilleur virus; vient ensuite le vaccin de Montevideo, et, en dernier lieu, arrive celui du Conservatoire National de Palermo.

VACCINÉS

C. National

Positif 68

Négatif 59

Santa Catalina

Positif 65

Négatif 3

Montevideo

Positif 48

Négatif 20

REVACCINÉS

C. National

Positif 1

Négatif 17

Santa Catalina

Positif 4

Négatif 7

Montevideo

Positif 1

Négatif . . . . . - 4

A la fin de décembre, ces proportions avaient changé; les résultats favorables s'étaient élevés au Conservatoire National, comme le prouve le résumé des personnes sur lesquelles on a pu le vérifier. Depuis lors, les résultats ont toujours été favorables au Conservatoire National qui approvisionne aujourd'hui toute la República.

VACCINÉS

C. National

Positif 15

Négatif 00

Montevideo

Positif 15

Négatif 00

REVACCINÉS

C. National		Montevideo	
Positif	1	Positif	0
Négatif	1	Négatif	2

En 1891, le chiffre des vaccinés est descendu à 13,056; mais, alors encore, il était bien supérieur à celui de toute autre époque où il y avait eu un nombre égal d'employés.

Cette diminution doit être attribuée aux économies que le Conseil délibérant est en train de réaliser depuis deux ans: il a réduit à quinze le nombre des pratiquants de la vaccination; il y a eu de nombreuses démissions, et le temps a manqué pour remplir par le concours les vacances qui se sont produites.

Résumant les considérations précédentes, nous trouvons que les épidémies périodiques de petite vérole dépendent:

De l'ignorance des masses qui opposent une résistance injustifiable à la vaccination;

De la réduction du personnel chargé de l'éffectuer;

Du manque d'unité qui devrait régner entre le service de la vaccination dans la rade, l'asile des immigrants, le corps médical scolaire et l'Administration Nationale de la vaccine;

De l'importation du germe varioleux par les immigrants qui se disséminent sans la vaccination préalable, tandis que l'émigration soustrait ceux qui auraient acquis l'immunité conformément aux prescriptions de l'ordonnance.

Les tableaux suivants font connaître: le mouvement de l'administration depuis 1874 jusqu'en 1891; le nombre des pratiquants employés; la coïncidence de l'accroissement de l'immigration avec le développement des épidémies pendant la même année ou pendant l'année suivante, et enfin il fait voir que le public, aux époques de vaccination facultative, c'est-à-dire avant 1889, 'ne commençait à se prémunir que lorsque la petite vérole augmentait d'intensité.

ANNÉES	IMMIGRANTS	DÉCÉS PAR VARIOLE	VACCINÉS	PRATIQUANTS	CERTIFICATS EXPÉDIÉS
1874	67.774	525	1551	—	—
1875	41.482	1041	2784	—	—
1876	30.558	22	958	—	—
1877	35.491	12	1656	6	—
1878	40.929	7	2056	5	16
1879	54.611	429	2329	7	21
1880	41.261	832	1998	5	41
1881	46.620	7	1404	4	58
1882	50.703	362	3142	20	104
1883	62.134	1510	6906	19	160
1884	76.873	142	3006	19	55
1885	107.370	736	5600	19	57
1886	90.937	536	4205	19	52
1887	117.711	1299	2726	5	106
1888	155.632	657	941	6	65
1889	260.909	185	18349	48	897
1890	132.301	2198	38247	39	3797
1891	29.831	275	13056	14	4756

Vaccination et revaccination faites dans la Capital de la République de 1887 à 1891

ANNÉES	Vaccinés	Revaccinés	TOTAL	AGE de mois	1 à 5 ans	5 à 10 ans	10 à 15 ans	15 ans au dessus	SEXE mâles	filles	NATIONALITÉ Argentins	Étrangers	RÉSULTAT Positif	Négatif	Inconnu	TOTAL
1887	2069	599	2668	929	852	381	296	210	1272	1395	2053	623	1109	300	1259	2668
1888	681	183	844	298	274	126	72	74	420	425	718	118	396	106	342	844
1889	9342	9834	19176	4405	4961	2629	1608	5573	9345	9431	10267	8909	9550	3646	5980	19176
1890	20109	17928	38037	7318	10153	6375	4843	9348	18751	19286	26174	11863	17944	7469	12634	38037
1891	9198	12056	13056	4245	4362	1476	1007	1966	6877	6179	10699	2357	6179	1157	5583	13056
TOTAUX	41379	32402	73781	17195	20602	10987	7826	17171	37065	36716	49922	23849	36716	12678	25788	73781

En fin, pour compléter ce chapitre, nous devons faire connaître le fonctionnement de cette branche de l'hygiène publique dans la capitale et dans les provinces. Le vaccin vient actuellement du Conservatoire de Santa Catalina, fondé et entretenu par le Gouvernement de Buenos Aires, et du Conservatoire National de la vaccine. Le premier de ces Instituts fut fondé, il y a longtemps, sous la direction du docteur Diaz et du vétérinaire M. Bernier; pendant un long laps de temps, il a fourni à toute la République, mais il ne pouvait suffire aux demandes, ce qui rendit nécesaire la création d'un Institut similaire sous les auspices du Gouvernement de la Nation. En 1889 il produisit 50.000 plaques; la culture du cow-pox atteignit le chiffre de 997; peu à peu la production a diminué au point de répondre uniquement aux exigences de la province qui le soutient.

Le Conservatoire National a été fondé, il y a trois ans environ, par la décision du Président du Département National d'hygiène, qui se trouvait être alors le docteur Guillermo Udaondo; ce médecin fit de sa bourse même une grande partie des frais d'installation.

Son premier directeur fut le docteur Juan D. Piñero; celui-ci, ayant donné sa démission peu de temps après, fut remplacé par le docteur Juan J. Diaz, homme bien préparé pour cette fonction, qui est parvenu à faire de l'établissement une institution qui honore le pays.

Il est situé dans le voisinage de Palermo sur un terrain de 120 mètres de long sur 25 de large. Les étables sont grandes; elles ont une capacité suffisante pour contenir 30 veaux inoculés.

La température y est maintenue à un état constant, grâce à un thermo-siphon et aux ventilateurs nécessaires.

La salle de vaccination, située en face, est vaste et dispose de toutes les commodités nécessaires. Le bâtiment est complété par d'autres sections isolées, entourée de jardins qui lui donnent un aspect agréable.

Les photographies ci-jointes sont la meilleure description que l'on en puisse faire.

La salle des autopsies est au fond; son nom révèle assez son objet. On ne distribue pas la vaccine sans avoir vérifié l'état de pureté du veau. D'après le docteur Diaz, on n'a pas trouvé jusqu'à présent un seul veau tuberculeux; le docteur Bernier, actuellement directeur du Conservatoire de Santa Catalina, nous a communiqué qu'il n'en a vu, lui, qu'un sur mille.

La vaccination est, faite, dans la capitale par l'Administration de la vaccine et par les médecins de section qui dépendent de la Direction Générale de l'assistance Publique; par le Corps médical scolaire dépendant du Conseil d'education; par la Santé de la flotte et de l'Armée et au Conservatoire National; dans les Provinces, par les médecins municipaux et de police ainsi que par les délégués du Département, qui sont envoyés aux provinces atteintes par l'épidémie, où ils fondent, á titre provisoire, un Institut qui fournit de la vaccine fraiche et abondante.

Un médecin, dépendant de ce même département, contrôle la qualité de la vaccine et le résultat des inoculations faites au Conservatoire.

Quant à la qualité de la vaccine, il suffira de jeter les yeux sur les tableaux statistiques pour se convaincre de sa bonté.

Il n'est pas arrivé jusqu'à présent un seul événement malheureux; cette circonstance que le virulence s'est maintenue sans précautions spéciales jusqu'à trois mois après son envoi à Rio Janeiro, climat torride, prouve, sa faculté de conservation et l'excellente manière dont elle est préparée.

Conservatoire National de Vaccine

MOUVEMENT OPÉRÉ DEPUIS LE 1er DÉCEMBRE 1890 JUSQU'AU 31 DÉCEMBRE 1891

DATES	Nombre des veaux inoculés	Nombre correspondant aux veaux	Nombre d'inoculations	QUANTITÉ DE COW-POX RECUEILLIE		Cow-pox inutilisé pour être de trop	Veaux avortés par suite de maladies ou autres causes
				En plaques	En tubes		
Décembre 1890	24	1 à 24	1628	8234	25	—	—
Janvier 1891	23	25 à 47	1404	7271	25	—	—
Février	21	48 à 68	1489	7607	17	—	1
Mars	18	69 à 86	1411	7995	15	—	—
Avril	21	87 à 107	1555	11846	19	—	—
Mai	22	108 à 129	1676	10615	10	—	1
Juin	24	130 à 153	1994	11025	5	—	1
Juillet	18	154 à 171	1478	7962	4	—	3
Août	15	172 à 186	1216	7083	3	—	2
Septembre	27	187 à 213	2006	5857	2	—	2
Octobre	33	214 à 246	2505	11771	2	—	1
Novembre	29	247 à 275	2338	10500	—	—	4
Décembre	28	276 à 303	2585	8305	1	—	

Conservatoire National de Vaccine

DISTRIBUTION DU COW-POX DEPUIS LE 1 DÉCEMBRE 1890 JUSQU'AU 31 DÉCEMBRE 1891

DATES	Département national d'hygiène	Capitale fédérale	Province de Buenos Aires	Catamarca	Córdoba	Corrientes	Entre-Rios	Jujuy	Mendoza	Rioja	Santa-Fé	Salta	Santiago del Estero	San Juan	San Luis	Tucuman	Gouvernements	Sommes
Décembre 1890	—	1671	—	35	245	210	95	40	90	45	712	100	60	90	80	240	185	3898
Janvier 1891	—	1921	—	165	570	390	560	140	143	165	1365	295	185	180	215	1205	700	8149
Février	—	1812	—	160	450	280	625	—	230	140	850	170	170	180	150	650	390	6267
Mars	—	2163	—	160	370	480	420	110	180	110	1170	190	130	130	230	350	510	6703
Avril	—	1699	1677	110	590	440	1071	80	240	120	1020	260	190	190	520	760	750	9717
Mai	—	1169	3202	160	400	500	893	326	280	100	1840	340	260	220	300	679	340	11009
Juin	—	1732	4102	160	571	470	540	280	360	120	1240	944	390	260	360	477	240	12246
Juillet	—	1501	2613	90	342	205	360	160	300	80	985	395	247	160	240	270	300	8148
Août	—	2530	1310	80	255	90	370	110	140	60	555	215	135	110	180	590	340	10439
Septembre	3	3182	1590	56	482	110	253	320	154	66	788	171	142	126	192	516	120	8250
Octobre	411	2782	2798	150	350	220	450	329	90	60	1254	270	145	110	180	590	340	10439
Novembre	155	2446	3465	160	427	560	640	280	240	80	1791	430	200	160	240	510	340	11924

Conservatoire National de Vaccine

MOUVEMENT OPÉRÉ DEPUIS LE 1er JANVIER JUSQU'AU 31 DÉCEMBRE 1892

DATES	Nombre des veaux inoculés	Nombre correspondant aux veaux	Nombre d'inoculations	QUANTITÉ DE COW-POX RECUEILLIE		Cow-pox inutilisé pour être de trop	Veaux avortés par suite de maladies ou autres causes
				En plaques	En tubes		
Janvier	23	304 à 326	2070	8621	9	—	1
Février	17	327 à 343	1537	5130	5	—	—
Mars	25	344 à 369	2232	9860	9	—	2
Avril	23	370 à 391	2197	9143	8	—	2
Mai	21	392 à 412	1995	8086	10	—	—
Juin	24	413 à 436	1757	8393	—	529	1
Juillet	20	437 à 458	1686	7359	7	—	5
Août	20	457 à 476	1781	7140	—	—	3
Septembre	19	477 à 495	1238	6318	—	—	3
Octobre	21	496 à 516	1496	7816	1	—	4
Novembre	24	517 à 540	1962	7578	1	—	2
Décembre	20	541 à 560	1684	6234	—	—	1

Conservatoire National de Vaccine

DISTRIBUTION DU COW-POX DEPUIS LE 1er JANVIER 1892 JUSQU'AU 31 DÉCEMBRE DE LA MÊME ANNÉE

DATES	Département national d'hygiène	Capitale fédérale	Province de Buenos Aires	Catamarca	Córdoba	Corrientes	Entre-Rios	Jujuy	Mendoza	Rioja	Santa Fé	Salta	Santiago del Es ero	San Juan	San Luis	Tucuman	Gouvernements	Sommes
Janvier		1034	1775		176	150	230	60	80	20	687	130	60	40	50	140	165	4787
Février		1882	2118	100	250	240	330	150	160	40	1130	230	120	100	170	370	210	7600
Mars	510	1694	2406	90	240	210	330	90	120	30	1000	180	90	60	99	530	50	7720
Avril	200	1180	1435	150	350	386	600	150	200	50	1660	300	150	100	150	720	320	8101
Mai	100	1429	160	180	420	460	800	180	250	50	1980	360	180	120	180	1080	480	8409
Juin	100	1654	50	250	350	1080	650	150	170	320	1650	320	170	100	150	720	400	8284
Juillet	100	1205	160	170	460	570	630	150	150	150	1840	300	150	100	150	180	400	6715
Août	100	1473	130	820	420	490	480	120	120	410	1630	340	120	80	120	»	350	7203
Septembre	550	2647	525	90	420	560	760	120	170	170	1980	240	140	455	120	180	460	9587
Octobre	250	2123	610	90	330	380	490	»	190	190	2066	120	90	210	90	390	180	8629
Novembre	300	2303	280	90	540	420	660	190	540	540	1785	750	110	320	120	740	360	9608
Décembre	150	1315	»	90	470	400	470	90	510	510	1690	510	90	220	90	540	270	6945

Conservatoire Notional de Vaccine

RÉSULTAT OBTENU DANS LA VACCINATION DEPUIS LE 1er DÉCEMBRE 1890 JUSQU'AU 31 DÉCEMBRE 1892.

DESTINATIONS	VACCINATIONS					REVACCINATIONS					Observations
	Positif	Négatif	Inconnu	Sommes partielles	Tant p. % positif	Positif	Négatif	Inconnu	Sommes partielles	Tant p. % positif	
Capital Fédérale.	14.727	1.111	9.119	25.037	092	3.645	1.645	2.195	7.485	067	
Buenos Aires...	9.628	914	5	10.607	091	1.991	555	715	3.257	078	
Santa Fé.......	10.037	366	—	10.403	096	380	107	752	1.239	078	
Entre-Rios	1.220	126	4	1.350	092	145	78	753	976	065	
Corrientes	10.303	267	—	10.570	096	265	315	567	1.147	045	
Córdoba.......	1.300	85	—	2.387	097	103	294	321	718	026	
Tucuman......	781	22	—	803	097	165	20	893	1.078	088	
Salta	92	20	—	112	082	27	13	—	40	067	
Sgo. del Estero..	972	150	—	1.122	086	143	68	714	925	009	
San Juan......	576	45	—	621	092	59	86	679	824	040	
San Luis	328	27	—	355	092	35	2	215	252	094	
Rioja	30	—	—	30	100	—	—	—	—	—	
Mendoza	119	9	—	128	092	40	13	—	53	075	
Jujuy.........	36	10	—	46	078	29	38	—	67	043	
Missions......	369	36	—	405	091	120	47	—	167	071	
Chaco Austral..	61	3	—	64	095	12	7	—	19	063	
Chaco Boréal...	128	18	—	146	087	34	7	—	41	082	
TOTAUX.....	53.088	3.285	9.208	65.581	092	7.530	3.423	8.254	19.207	062	

Le principe de là vaccination et de la revaccination obligatoires n'est pas encore clairement confirmé par une décision du Congrès; mais en échange il y a des dispositions spéciales de divers services qui l'établissent, pour ainsi dire. Par exemple, on voit, dans la capitale comme dans les provinces, que l'on n'admet pas les enfants à l'école sans certificat de vaccine; qu'on ne nomme pas d'employés; qu'on ne peut pas entrer à l'armée, etc, sans remplir cette condition.

On trouve aux bureaux du Congrès le projet de loi suivant, qui institue la vaccination et la revaccination obligatoires sur tout le territoire de la République.

Projet de loi sur la vaccination et revaccination obligatoires dans la République Argentine

Ar. 1º La vaccination est obligatoire pour les habitants de la République Argentine, et elle doit être faite dans les six premiers mois après la naissance.

Art. 2º La revaccination est également obligatoire jusqu'à l'âge de cinquante ans, et elle doit être faite tous les six ans, sauf les modifications qui seraient arrêtées à cet égard par les autorités sanitaires chargées de veiller à l'acomplissement de cette loi.

Art. 3º En inscrivant la naissance d'un enfant au bureau du Registre Civil, on remettra aux déclarants un billet de vaccination, détaché d'un registre à souche, qui devra être rendu dans le délai improrogeable de six mois.

Sur ce billet on constatera, en le rendant, le nombre de pustules vaccinales développées sur l'enfant; et il devra être signé par le vaccinateur de la paroisse ou par le médecin qui aura fait la vaccination.

Art. 4º Le Département National d'hygiène recueillera, par semestre tous les billets dont il est question à l'article antérieur, pour en faire le calcul statistique.

Art. 5º Pour entrer aux établissements, d'instruction primaire, secondaire et supérieure, à l'armée de la Nation, et pour avoir un emploi dans l'administration de l'Etat, il sera exigé un certificat où l'on constatera la vaccination et la revaccination du postulant.

De même, les malades qui entreront à l'hopital devront être vaccinés, si, d'après l'opinion du médecin, l'état de la maladie ne s'y oppose pas.

Art. 6º Les parents et tuteurs, de même que toutes les personnes qui auront enfreint les articles 2, 3 et 5 de cette loi, encourront une amende de cinq à vingt-cinq piastres monnaie nationale, et, en cas de récidive, de vingt-cinq à cent, lesquelles sommes seront destinées à la conservation de la vaccine.

Art. 7º Le Département National d'hygiène est chargé de réglementer cette loi et de fixer le nombre des vaccinateurs exigé pour son exécution.

Art. 8º Cette loi entrera en vigueur six mois après sa promulgation.

Art. 9º Pour obtenir l'exécution de cette loi d'une manière régulière et méthodique sur tout le territoire de la République, il sera créé un corps de vaccinateurs composé de médecins et de pratiquants de médecine, dont le nom-

bre et l'organisation seront déterminés par le Département
National d'Hygiène.

Art. 10. Cette loi sera communiquée, publiée etc.

_____

Pharmacopée Argentine

"Bien qu'il ne s'agisse que d'une commission provisoire, nous avons cru qu'il serait intéressant de consacrer quelques notes à une œuvre d'une aussi grande importance scientifique et professionnelle.

Au commencement de 1892, le secrétaire du Département National d'Hygiène, docteur Padilla, soumit à la
considération du Conseil un projet par lequel il était
nommé une commission composée de personnes distinguées et compétentes, chargée de préparer un code de
pharmacie ou pharmacopée argentine, projet qui fut
voté à l'unanimité des voix et auquel ou donna immédiatement une forme pratique. Les bases qu'avait eues en
vue le docteur Padilla pour caresser cette idée et la
présenter, sont naturellement connues, mais nous ne
devons pas négliger d'en faire mention, sans compter
l'importance qu'une pharmacopée nationale représente
pour l'étude chimique, thérapeutique, physiologique et
botanique des substances particulières du pays.

La commission fut composée et fonctionna de la man-
iée suivante:

Président: — Docteur Enrique del Arca, professeur
suppléant de matière médicale thérapeutique, en activité.

Vice-Président—Docteur Atanasio Quiroga, professeur de chimie inorganique et analytique à la Faculté des sciences exactes.

Sécretaire—Doctor Tiburcio Padilla (fils), secrétaire du Département National d'Hygiène et professeur des sciences Naturelles à l'école Normale de maîtresses de la capitale.

Assesseurs—Docteur Angel M. Centeno, deuxième suppléant de matière médicale et thérapeutique. Docteur Francisco Barraza, professeur de chimie appliquée à la médecine.—Le pharmacien Francisco Lavalle, inspecteur général des pharmacies—Les pharmaciens Enrique D. Parodi et Miguel Puiggari.

Le travail du code est distribué de la manière suivante en sous-commissions:

1º Sous-commission: pharmacie chimique, Docteurs del Arca et Centeno.

2º Pharmacie galénique, pharmaciens Lavalle et Puiggari.

3º Préliminaires, poidss atomiques, etc, etc, Dr. Quiroga.

4º Plantes médicinales et eaux minérales d'Amérique, principalement de la République Argentine, Drs. Parodi, Padilla et Barraza.

5º Lois, décrets, résolutions, pratiques générales de l'exercice des diverses branches de l'art de guérir, Dr. Padilla.

L'oeuvre est divisée en deux grandes parties:—Le code proprement dit, où figurent les substances connues scientifiquement et *l'addenda* où figurent tous les corps médicamenteux incomplètement connus et ceux d'un usage vulgaire et empirique.

L'œuvre sera terminée vers le milieu de 1893.

DEUXIEME PARTIE

Il n'y a guère que dix ans que la capitale fédérale n'avait pas de service d'assistance organisé sur une base quelconque: les médecins de section institués depuis longtemps, comme on l'a vu plus haut, manquaient de lien qui les rattachât les uns aux autres; ils dépendaient directement de la Municipalité qui les nommait.

La nécessité de grouper les efforts et de les diriger scientifiquement vers un but louable, ainsi que la nécessité de soigner la population indigente malade et dont le nombre allait sans cesse croissant, la nécessité de combattre les endémies qui allaient se développant, enfin la nécessité de prendre des mesures pour éteindre toute épidémie, tout cela donna naissance à la direction de l'Assistance Publique qui n'a cessé de se perfectionner pour atteindre l'organisation actuelle, laquelle est encore susceptible de recevoir des modifications qui en rendront les services plus sensibles. Son ex-Président ou Directeur, le docteur José Maria Ramos Mejia, lui donna une impulsion vigoureuse, telle que les effets de la nouvelle institution se firent ressentir dans l'épidémie cholérique de 1886-87. Depuis lors, elle a passé par des vissicitudes de décadence et d'inaction qui ont mis en péril son existence.

Avant de parler de son état actuel, rappelons que les fonctions du gouvernement sanitaire de la Capitale sont partagées entre le Département National d'Hygèine et l'autorité Municipale, laquelle est représentée par l'institution qui nous occupe. Le manque d'une délimitation bien nette entre les fonctions des deux autorités a donné lieu plus d'une fois à des chocs violents entre elles, ce qui ne laissait pas que d'être un grand danger pour la santé publique; mais aujourd'hui heureusement, tout cela a disparu, on peut le dire, grâce à la bonne volonté et à la parfaite harmonie qui animent leurs directeurs. A cet égard, il a été dit comment, pour délimiter les attributions, le Département n'est chargé que de la prophylaxie, tandis que la Direction de l'Assistance Publique doit intervenir dès que l'épidémie a éclaté; or, il arrive que le premier doit tendre sa vigilance à toute la République, et qu'il a à intervenir chaque fois qu'il peut surgir un fait qui implique un danger pour la santé publique.

Ces dissidences, remédiées accidentellement pour le motif que l'on sait, démontrent la nécessité de centraliser les forces sanitaires dans la capitale de la République.

Sous la direction du docteur Ramirez et sur son initiative, il ffat institué un conseil consultatif, composé de tous les médecins dépendants de l'institution, qui tennait une séance deux fois par mois, séance dans laquelle on traitait les points d'intérêt hygiénique, d'affections contagieuses et les cas de maladies peu communes qui se présentaient dans les hôpitaux ou dans la pratique publique.

., Quelques unes de ces séances ont; offert un vévitable intérêt scientifique: on y a vu des médecins, distingués émettre des idées propres, fruit de l'expérience et de l'étude sur des sujets très discutés. Malheureusement, cette organisation qui aurait produit des progrès remarquables dans la science hygiénique, n'a pas tardé à être annulée pour des raisons que nous n'avons pu vérifier.

Sans autre incident remarquable, l'institution a continué sa marche vacillante jusqu'au 1ᵉʳ juillet 1892: à cette époque, le docteur Coni, hygiéniste et homme d'esprit essentiellement administratif, en prit la direction; il lui imprima dès le premier moment une marche de progrès rapide.

Grâce à ses efforts et à son initiative, on vit surgir des débris de la Direction de l'Assistance Publique l'*Administration sanitaire et l'Assistance Publique* de la Capitale. La direction de cette institution est confiée au docteur Coni. Celui-ci, d'après l' ordonnance municipale qui l'a créée, ne peut occuper d'autre poste rétribué que le professorat. Ses devoirs sont à peu près les suivants:

1º S'informer personnellement autant qu'il lui sera possible des influences qui peuvent affecter la santé publique du Municipe.

2º Rechercher, par les moyens à sa portée, les causes, l'origine et la propagation des maladies qui règnent dans le Municipe, et vérifier jusqu'à quel point ces maladies peuvent être écartées ou adoucies.

3º S'informer, au moyen de l'inspection systématique, des conditions nuisibles à la santé publique qui existent dans le Municipe, et proposer les mesures qu'il serait nécessaire de prendre pour· améliorer l'état hygiénique de la communauté, ou combattre les causes qui pourraient lui être nuisibles.

4ª. Visiter toute maison où il se produira un cas de maladie contagieuse, infectieuse ou épidémique, dans le but de vérifier la cause de la maladie et de prendre les mesures convenables pour la détruire conformément aux ordonnances en vigueur.

5º· Surveiller les *corrales* d'approvisionnement, les marchés et les boucheries, pour empêcher ces établissements de fournir à la population des bestiaux ou des substances qui seraient nuisibles à la santé.

6º Rechercher s'il existe dans le Municipe des industries qui seraient nuisibles à la santé publique et proposer les mesures nécessaires pour conjurer le mal qu'elles pourraient occasionner.

Dans l'ordre hiérarchique, vient après le Directeur le Secrétaire avec les mêmes attributions pendant l'absence du premier. Le Secrétaire, lui non plus, ne peut remplir une fonction salariée à l'exception du professorat; il doit avoir étudié l'hygiène publique ou montré qu'il avait du goût pour cette étude.

Le Directeur a pour collaborateurs immédiats et importants deux inspecteurs techniques qui ont sous leurs ordres huit inspecteurs de section, quatre vétérinaires, trois inspecteurs des marchés et du service de désinfection, et dont les fonctions peuvent se résumer ainsi:

1º Rechercher personnellement, ou à l'aide du personnel à ·leurs ordres, tout ce qui peut donner naissance à un danger pour la santé publique dans. lè district respectif;

2º Employer tous les éléments disponibles pour examiner et mettre en évidence les, causes initiales et la propagation des maladies, ainsi qu'indiquer les moyens de les combattre;

3° Pratiquer les inspections régulières et accidentelles pour découvrir les influences nuisibles à la situation sanitaire;

4° Prendre les mesures convenables dans les cas d'affections infecto-contagieuses;

5° Diriger la désinfection des établissements dangereux, incommodes et insalubres;

6° Faire, par l'intermédiaire des vétérinaires et inspecteurs des marchés, l'inspection de ces établissements, celle des abattoirs, *tambos* (on nomme ainsi un établissement où l'on tient des vaches laitières) écuries et tout ce qui se rattache à la police sanitaire des animaux;

7° Faire faire l'inspection des *conventillos* et des maisons *d'inquilinato* au point de vue de l'hygiène générale; prendre des informations sur le fonctionnement régulier du service des cloaques et des égouts;

8° Faire exécuter par les habitants toutes les ordonnances relatives à la salubrité.

Les commissions d'hygiène paroissiales sont sous la direction sanitaire dans la partie de leurs fonctions qui a rapport à l'hygiène publique. Ces commissions sont composées de cinq membres, qui choisissent eux-mêmes leurs autorités. Leurs attributions et leurs devoirs sont:

1° De veiller à l'exécution immédiate de toutes les ordonnances en vigueur sur l'hygiène, la moralité et la sécurité, et de soumettre à l'Intendance les observations qui lui seront suggérées par l'étude immédiate des besoins de la paroisse, afin de contribuer à assurer le service public.

2º De faire les visites domiciliaires conformément aux ordonnances en vigueur;

3º De communiquer par écrit chaque mois à l'Intendance l'état hygiénique de la section et d'indiquer les mesures à prendre;

4º De viser les certificats de pauvreté.

Chaque commission auxiliaire d'hygiène, afin de mieux remplir ses devoirs, a un agent inspecteur sous ses ordres immédiats.

Il suffit de s'arrêter un moment à la revue que nous venons de faire du service hygiénique pour comprendre que des attributions égales sont confiées à diverses personnes que rien ne relie sérieusement entre elles, ce qui fait que, malgré les nombreux éléments dont elles disposent et leur bonne volonté, on n'obtient pas les résultats désirés. Au lieu d'un fontionnement régulier on ne trouve que le chaos.

Dans les provinces, ces fonctions sont confiées exclusivement au président de la commission paroissiale; cette sage disposition permet d'obtenir l'uniformité et la régularité des indications dans le service public. Dans les provinces, il n'y a pas, à proprement parler, d'assistance publique, c'est-à-dire de bureau directeur autonome comme dans la capitale; tout se trouve concentré dans la main de l'intendant municipal, qui délègue à des commissions et à des agents les fonctions d'hygiène, de moralité et de sécurité publique, d'une manière précise et déterminée.

L'intendant n'abandonne ces attributions que dans les cas d'épidémie; alors, il les délègue à un médecin d'honorabilité reconnue, auquel il donne d'amples facultés pour constituer une dictature, si l'on peut employer cette expression.

Voici les sections qui sont avec tout leur personnel sous la direction immédiate de l'Administration sanitaire:

1.º   Maison d'isolement.
2.º   Syphilicome.
3.º   Désinfection.
4-º   Dispensaire de salubrité.
5.º   Laboratoire bactéréologique.
6.º   Administration de la vaccine animale.
7.º   Laboratoire de vaccine anti-rabique.
8.º   Train central d'ambulances.
9.º   Inspection des marchés et approvisionnement.

L'Assistance publique comprend quatre sections:

1.º   Assistance domiciliaire.
2.º   Assistance hospitalière.
3.º   Assistance des bureaux de consultation à la maison centrale.
4.º   Assistance des aliénés.

L'inspection des *tambos* et des boucheries est également sous la direction de l'Administration sanitaire, et c'est d'elle que dépend le personnel institué à cet effet par le Bureau de chimie.

Maison D'Isolement

L'épidémie de choléra-morbus, qui avait ravagé toutes les villes du littoral de la République ainsi que quelques villes de l'Intérieur et dont nous avons parlé longuement au chapitre précédent, fit sentir la nécessité de créer et d'entretenir des lazarets, parce que l'hôpital général des hommes n'avait de capacité que pour 300 malades, et qu'il

était inhumain de confondre les individus atteints de maladies contagieuses avec ceux atteints de maladies
communes, et, qu'enfin dans cet asile on admettait
même des fous. C'est dans ce but que l'on fonda en 1867
le Lazaret San-Roque, à l'époque où M. Aldao était président de la Municipalité; mais il ne tarda pas à devenir
un hôpital commun par suite des besoins de la population dont l'accroissement était rapide et qui l'entourait de
toutes parts. L'hôpital général des hommes, où se tenait
la clinique facultative, était destiné à être fermé, et c'est
en effet ce qui arriva en 1883, à cause de ses extrêmement
mauvaises conditions hygiéniques, et ses malades passè-
rent à l'hôpital national de clinique, fondé en 1881 et qui
remplit encore cette fonction. Il fallut donc penser à un autre
établissement pour recueillir les individus atteints de maladies contagieuses, et c'est ce qu'on fit en prenant à
cet effet une *quinta* (espèce de maison de campagne) qui
avait autrefois servi de lazaret. Nous voulons parler de
la *quinta* du docteur Leslie bâtie plusieurs années auparavant pour en faire une maison de santé, et qui était bien loin
de répondre aux besoins de l'institution qu'on y avait ins-
tallée. C'est à peine si elle avait de la capacité pour 40 lits.

Les exigences y firent mettre jusqu' à 90 malades, ce
qui occasiona, comme il était à prévoir, une grande mortalité parmi les varioleux qu'on y admit jusqu'en 1885;
à cette époque, l'intendant Alvear, convaincu de l'impé-
rieuse et urgente nécessité de changer de local pour en
prendre un autre plus spacieux et plus écarté, jeta les
fondements de la maison d'Isolement qui existe aujour-
d'hui; ce nom lui a été donné par le docteur Ramos Mejia, qui était alors directeur de l'Assistance Publique,

conformément aux théories modernes «qui prescrivaient *l'isolement* comme une des meilleures pratiques de la prophylaxie contre la contagion.»

Nous devons dire, pour rendre hommage à la vérité et à l'éminent épidémiologiste docteur Penna, directeur de l'institution dès le moment de sa fondation, qu'il ne fut consulté pas quand on posa les bases du nouveau local, dont la construction ne répondait à aucune donnée scientifique. Ces défauts, parmi lesquels il y en avait de très frappants, n'ont pas tardé à être corrigés grâce à l'énergie de l'intendant Alvear, grâce aux bonnes résolutions du directeur de l'Assistance docteur Ramos, grâce enfin à l'initiative du docteur Penna, et l'on possède aujourd'hui un établissement de premier ordre dans son genre, bien qu'il y ait encore beaucoup de modifications à introduire au point de vue des connaissances modernes, c'est-à-dire quant à l'isolement absolu entre les divers pavillons, car on n'y trouve pas de barrière, pour empêcher la communication du personnel des services malgré les prescriptions sévères du Règlement.

Cet hôpital a de la capacité pour deux cents lits au moins, placés dans onze pavillons, qui portent les noms de médecins distingués, tels que Bertolazzi, Pietranera, Franco, del Viso, morts au chevet des malades contagieux ou dans des missions spéciales aux pays infectés, ainsi que des autorités sanitaires; ces pavillons peuvent être partagés en autant d'autres départements pour assister autant d'autres affections transmissibles.

Voici les maladies que l'on assiste à la maison d'Isolement:

Diphtérie, dyssenterie, érysipèle, scarlatine, fièvre typhoïde, lèpre, rougeole, variole, et, en temps d'épidémie, le
choléra et la fièvre jaune. Parfois on y envoie aussi les
individus atteints de fièvre puerpérale et de tuberculose
pulmonaire. Quant à cette dernière affection, qui a pris un
terriblea ccroissement dans les grandes villes, le Docteur
Coni, actuellement chef de l Administration sanitaire, a
proposé la création d'un hôpital exclusivement affecté à
cette maladie.

Les malades sont classés en trois catégories: 1° les pauvres avérés qui sont assistés gratuitement; 2° ceux qui,
n'étant pas absolument pauvres, veulent payer une cotisa-
tion à l'entrée; 3° les sujets atteints de maladies spéciales
qui reçoivent une assistance à part et qui doivent payer
180 piastres par mois. C'est le pratiquant major de garde
qui est chargé de faire la distribution suivant l'affection;
en cas de difficulté ou d'ignorance du diagnostic, les malades sont retenus à la salle dite du « Doute ».

Le service de l'hôpital est complété par les départements
de désinfection et de crémation, ainsi que par un pavillon
de lits à eau pour le traitement par les bains continus
construit sous la direction du docteur Penna, pendant
l'administration de l'intendant Crespo.

La crémation a lieu dans le four restauré dernièrement,
semblable à ceux que l'on trouve au lazaret de Martin
Garcia, après qu'il a été procédé à l'autopsie dans une
section spéciale par un médecin exclusivement chargé de
ce soin, lequel médecin fait connaître le résultat de son
travail pour ratifier ou annuler le diagnostic clinique. En
temps d'épidémie, tous les corps sont incinérés; mais
pendant les époques normales, ils peuvent être livrés à la

famille, si celle-ci les réclame, après qu'on a rempli les
conditions spéciales de désinfection. La première crémation faite dans le pays date de la nuit du 26 Décembre 1885;
elle eut lieu par ordre du directeur de l'Assistance Publique,
avec toutes les formalités nécessaires; depuis lors, ce procédé s'est généralisé dans la République, et l'on a modifié
dans un sens plus large et plus scientifique l'ordonnance
d'Avril 1885, qui autorisait la crémation facultative et la
rendait obligatoire en temps d'épidémie. A cet égard, on
a réalisé un inmense progrès dans la République.

Dans la salle de désinfection on voit fonctionner une
étuve Schimmel, grand modèle; il n' y a pas besoin de dire
pourquoi. Cependant, n'oublions pas de faire remarquer
que, lorsque un malade est guéri, il ne quitte pas l'établissement sans avoir auparavant fait passer ses vêtements par l'étuve et sans avoir subi toutes les opérations précautionnelles qui font disparaître la crainte de répandre la contagion; il emporte en outre un bulletin ou certificat signé par le médecin directeur, conçu en ces termes:
« Le porteur sort à la date ci-dessus, guéri de la maladie
(ici le nom de la maladie) pour laquelle il avait été envoyé
à cet établissement, après avoir subi dans sa personne et
dans ses vêtements la désinfection nécessaire. » Les deux
tableaux suivants donnent une idée du mouvement intérieur; le premier est en outre une corroboration de ce que
nous avons affirmé sur la marche des diverses infections
dans la Capitale. Cet établissement donne la mesure de
l' intensité des endémies; on y observe que la démographie
y oscille proportionnellement à la démographie générale.
On y voit comment la variole décline année par année depuis
1883, avec de grandes alternatives jusqu'à 1890, année où

elle atteint le chiffre le plus élevé, précisément l'année où par son intensité elle appelle l'attention des autorités, tandis qu'elle décline d'une manière remarquable l'année suivante. La diphtérie suit une marche inverse, et ceci s'explique par la masse énorme d'immigrants arrivée en 1888, 89 et 90. Nous publions ailleurs un tableau de la mortalité dans la capitale par suite de maladies infectieuses.

Tableau général des malades asistés dans la maison d'isolement depuis sa fondation jusqu'à l'an 1891

DIAGNOSTICS	1883	1884	1885	1886	1887	1888	1889	1890	1891	TOTAUX
Variole	512	81	402	347	624	374	188	1332	156	4016
Varicelle	11	5	1	—	13	—	6	27	5	68
Rougeole	8	105	71	20	71	96	455	273	103	1202
Scarlatine	1	16	8	1	10	4	19	9	7	75
Érysipèle	3	17	68	34	15	34	34	32	19	256
Choléra	—	1	—	531	483	—	—	—	—	1015
Dyssenterie	—	—	1	1	6	1	3	4	3	19
Fièvre typhoïde	3	8	6	10	32	101	206	313	254	933
Fièvre intermittente	2	1	1	—	—	4	—	2	1	11
Diphtérie	—	2	8	1	91	124	180	122	109	637
Fièvre puerpérale	—	1	—	—	1	—	1	2	1	6
Tuberculose pulmonaire	—	9	—	—	—	70	117	69	34	299
Lèpre	4	—	—	2	—	3	5	4	5	23
Grippe	—	—	—	—	—	—	—	10	4	14
Coqueluche	—	—	—	—	—	—	1	2	4	7
Favus	—	—	5	2	3	—	11	3	—	24
Gale	—	—	—	—	1	2	4	9	243	259
Syphilis	3	10	3	3	—	4	—	6	11	40
Fièvre jaune	4	—	—	—	—	—	—	—	1	5
Autres maladies	37	53	35	14	37	55	139	103	108	581
Totaux	588	309	609	966	1387	872	1369	2322	1068	9490

Tableau comparatif des piéces de vetement désinfectées de 1889 a 1891.

MOIS	De la maison			Du Municipe		
	1889	1890	1891	1889	1890	1891
Janvier.......	1.225	890	482	347	667	119
Février	587	911	488	281	100	124
Mars........	690	1.148	537	248	309	39
Avril........	686	1.586	598	152	406	106
Mai.........	502	1.843	931	132	377	144
Juin.........	583	1.856	52	252	231	32
Juillet........	345	1.379	88	75	311	83
Août........	471	963	143	105	406	17
Septembre.....	448	1.108	—	130	—	—
Octobre.......	453	910	—	151	—	—
Novembre.....	820	652	—	181	49	—
Décembre.....	715	428	2.133	133	117	4
Total.....	7.525	13.674	5.557	2.194	2.963	668

Inspection hygiénique de la prostitution.

SYPHILICOME.

Avant 1886, la prostitution n'avait pas été l'objet d'une règlementation spéciale et bien déterminée dans la capitale de la République. La syphilis et les affections vénériennes prirent un développement effrayant; cette circonstance réclama toute l'attention des autorités; en outre,iil y avait des raisons de morale et d'hygiène sociale pour créer un service impérieusement réclamé par les populations qui ont atteint un certain niveau de progrès intellectuel et matériel.

Toute prostituée, et l'on considère comme telle celle qui se livre à l'acte vénérien avec plusieurs hommes moyennant une rétribution directe ou indirecte, est dans l'obligation de se faire inscrire au dispensaire de salubrité et de s'y présenter deux fois par semaine pour être examinée; si, de l'examen il résulte qu'elle est atteinte d'une affection transmissible, elle est inmédiatement transférée au syphilicome d'où elle ne peut sortir qu'après guérison complète, munie d'un certificat de santé. L'examen médical peut aussi avoir lieu au domicile de la prostituée; en ce cas, elle doit payer une somme plus forte que celle qu'on exige au bureau de consultation du dispensaire.

Vers le milieu de 1892, on comptait plus de mille personnes inscrites qui se soumettaient religieusement à toutes les exigences de la règlementation.

La prostitution clandestine est sévèrement prohibée; les femmes qui s'y livrent sont passibles de rigoureuses peines correctionnelles.

Mouvement du dispensaire de salubrité de 1889 à 1892

ANNÉES	FEMMES INSCRITES	EXAMENS PRATIQUÉS			MALADIES RECONNUES		ENVOYÉES AU SYPHILICOME			BULLETINS VENDUS	ARGENT PRODUIT $ M/N
		AU DISPENSAIRE	A DOMICILE	TOTAL D'EXAMENS	CONTAGIEUSES	NON CONTAGIEUSES	POUR MALADIES	POUR CONTRAVENTION	TOTAL		
1889........	2007	25891	10435	36326	423	9792	423	—	423	19218	24875 —
1890........	871	33753	25001	58754	783	4334	856	—	856	59247	42231.50
1891........	427	20690	27455	48145	598	612	595	103	698	47594	127513.50
1892........	367	18737	22976	41713	577	—	577	48	625	—	—

Ce tableau embrasse quatre années, à partir de mai 1889, époque à laquelle le service fut institué sur l'initiative du docteur Astígueta, qui était alors directeur de l'Assistance Publique, jusqu'en 1892; il donne une idée de l'importance de ce dernier. On remarque d'abord une grande oscillation d'une année à l'autre dans presque toutes les colonnes; le nombre des femmes inscrites a diminué succesivement; il est descendu dans la dernière année au chiffre de 367. Ce chiffre ne représente pas le total absolu, comme il est à supposer, mais bien celui des nouvelles femmes qui sont tombées ouvertement dans le malheur ou dans le déshonneur. La double colonne d'examens pratiqués révèle tout d'abord également que le nombre a diminué au bureau de consultation et augmenté à domicile. Le nombre des femmes atteintes d'affections contagieuses est allé en progressant jusqu'à cette dernière année, qui dénote une légère différence explicable par l'émigration des prostituées au Brésil.

La colonne des malades envoyées au syphilicome pour contraventions donne le chiffre infime de 48 pour l'an dernier, ce qui veut dire que l'autorité s'est relâchée de ses rigueurs, ou que les femmes convaincues de la bonté du service ont cessé d'opposer de la résistance. Enfin, on observe en comparant les années 90 et 91, en ce qui concerne le nombre des bulletins vendus, que pendant la seconde année il a diminué de plus de 10.000, tandis que l'argent produit par les reconnaissances a augmenté. Ceci s'explique par une forte élévation du prix d'examen.

Nous devons maintenant nous occuper du Syphilicome. Nous avons déjà donné à entendre que dans cet hôpital on soigne les affections syphilitiques ou vénériennes des prostituées qui y viennent spontanément ou par force, après avoir été inscrites au dispensaire de salubrité, et qu'on envoie aussi au même hôpital pour les punir celles qui ont enfreint la réglementation à laquelle elles sont soumises en qualité de femmes publiques. Le syphilicome a été installé en mai 1889, en même temps que le dispensaire qui fonctionne dans un bureau à part et sur un point central de la ville, dans un bâtiment du faubourg construit expressément pour les aliénés. Au commencement, la distribution en était défectueuse; il a fallu introduire des réformes fondamentales pour obtenir la destination qu'il a maintenant; cependant, on ne saurait dire, quoi qu'on ait fait, que ce soit un bâtiment bien adapté à son but. L'installation en est, par conséquent provisoire.

Dans les tableaux que l'on trouvera à la fin du chapitre intitulé « assistance hospitalière », et où l'on passe en revue le mouvement de toutes les institutions ayant pour but d'assister les malades, on verra ce qui a rapport au Syphilicome. Nous devons avertir dès à présent que l'on remarque un certain désaccord dans quelques chiffres de ces tableaux, où l'on voit figurer des malades d'une année à l'autre.

Ce défaut, on doit bien le penser, ne vient pas de nous, mais de la comptabilité peu scrupuleuse de certains hôpitaux. Nous devons clore ce chapitre en disant que chaque province possède une règlementation à cet égard, et qu'elle est en général observée avec plus de rigueur encore que dans la capitale, par cela même que le nombre des prostituées y est peu considérable et que les effets déplorables de l'infection, quand elle se produit, y sont immédiatement aperçus. Il est prescrit par presque tous les règlements que les maisons de prostitution doivent être situées dans des endroits écartés et loin des centres d'éducation ainsi que des quartiers habités par des familles; l'inspection médicale a lieu trois fois par semaine; après chaque examen il est remis un certificat de santé, comme à la capitale, lequel doit être exhibé au client avant de procéder à l' acte charnal. Ce certificat est une espèce de livret sur la première page duquel figurent le portrait de la femme, son nom, son âge et ses signes particuliers, pour empêcher la fraude. Les provinces ne disposent pas d'un établissement spécial pour l'assistance des malades; mais en échange elles consacrent à cet effet une salle plus ou moins spacieuse dans quelques uns des hôpitaux destinés aux affections communes, et il arrive que cela suffit pour satisfaire les besoins de centres de population dont le plus considérable n' a pas plus de 50.000 habitants. Il faut aussi tenir compte du peu de ressources qu'elles possèdent pour entretenir une institution spécialement consacrée au traitement de la syphilis, bien que les personnes, qui doivent s'y faire assister, contribuent à en payer les frais.

Désinfection

HABITATIONS INSALUBRES

Buenos Aires a le droit de se flatter d'avoir évité autant que possible la construction des habitations insalubres, de ce qu' on appelait, il y a quatre ans, maisons pour ouvriers. Elle a ressenti les effets de ce mal comme tous les grands centres de population, bien que pas sur une aussi grande échelle qu' il aurait pu arriver, si l'.on considère l'énorme immigration des années 1888, 89 y 90. Il faut ajouter que la propagation de plusieurs endémies doit être attribuée exclusivement à ce système d' habitations, qu'ici et dans les provinces on appelle *casas de vecindad*, de *inquilinato, conventillos, corralones, barracas*, etc.(noms des diverses maisons où s'entassent les familles pauvres). Toute l'action de l'autorité est inutile en pareils cas: la communauté de vie stérilise toute influence, quand il n' y a pas de barrière, quand un enfant atteint de diphtérie n'est pas isolé et que ses vêtements ne le sont pas davantage; quand, enfin, le verre des habitants d'une chambre sert aux habitants d'une autre. La prophylaxie devient impossible. Et que dirons-nous des *conventillos* construits par des exploiteurs avant la réglementation actuelle? Ils mettaient à profit tout le terrain en supprimant l'air et la lumière; on y voyait l'eau couler des murs et du sol; chaque recoin était un semis de microbes. Enfin, les choses étaient à tel point que le besoin du bien-être général a triomphé de la passion du lucre et a imposé une réglementation spéciale. Il suffit de réfléchir un instant sur ce que c'est qu'un *conventillo* pour comprendre de reste la raison de la propagation des infections; les chambres sont anciennes, les habitants se mêlent les uns avec les autres, les enfants passent toute la journée ensemble, se donnant des embrassades et des baisers, déposant sur leurs lèvres les germes de la diphtérie, de la mort, transportés par mille véhicules divers. Ces circonstances ne peuvent être évitées, mais dès qu' une maladie contagieuse se déclare, l'administration sanitaire intervient sur le champ et avec énergie, et c'est seulement ainsi qu'on peut concevoir que tout malade de *conventillo* ne devienne pas l' étincelle qui allume une épidémie.

D'aucune façon, dans l'état actuel des choses, on ne saurait nier le succès, les bienfaits réels d'une désinfection bien dirigée; mais, avant de montrer comment elle s'efectue parmi nous, nous appellerons l'attention sur les tableaux ci-dessous: ils servent à éclairer la question.

ÉTAT du nombre des maisons "d'inquilinato" et des "conventillos", existant à Buenos-Aires et population de ceux-là en 1890, d'après un recensement fait par l'inspection générale municipale et compilé par la direction de statistique.

Sections municipales	Nombre des conventillos et des maisons d'inquilinato	Nombre des pièces habitées dans ceux-ci	Nombre d'habitants	HABITANTS		Loyer moyen par habitation
				Pour chaque 10 maisons	Pour chaque 10 pièces	
1.....	68	1466	2923	430	20	$ 19,29
2.....	70	1167	3197	457	28	» 15,57
3.....	223	2784	3549	160	12	» 25,55
4.....	90	1828	2903	322	16	» 13,92
5.....	174	2885	6059	349	21	» 19,59
6.....	119	2310	6173	519	27	» 16,14
7.....	76	1194	3303	434	28	» 16,04
8.....	79	1322	3853	488	30	» 18,00
9.....	114	1495	3416	300	22	» 15,76
10.....	103	1971	6112	593	31	» 10.99
11.....	50	871	2475	495	29	» 10,50
12.....	9	149	396	440	27	» 10,00
13.....	148	2555	6678	451	27	» 16,42
14.....	123	2228	6265	210	29	» 14,37
15.....	130	2677	8182	630	30	» 14,43
16.....	76	1601	4697	619	30	» 14,85
17.....	24	360	1166	486	32	» 11,91
18.....	126	2331	6537	519	28	» 13,97
19.....	33	670	981	298	14	» 7,51
20.....	172	2473	5852	340	23	» 9,79
21.....	92	1225	4137	450	33	» 15,80
22 y 23.	16	198	550	343	28	» 8,00
24.....	18	152	429	239	29	» 10,72
25.....	28	286	622	222	21	» 8,53
26.....	5	49	190	380	39	» 9,20
27.....	48	679	2050	428	30	» 14,37
28.....	35	677	2028	580	30	» 12,65
Totaux.	2249	37603	94723	421	26	$ 15,51

La population des conventillos et maisons d'inquilinato en 1890, classée suivant la nationalité et l'âge de celle-là.

SECTIONS MUNICIPALES	ARGENTINS			ÉTRANGERS			TOTAL
	Pubères	Impubères	Total	Pubères	Impubères	Total	
	A	B	C	D	E	F	
1........	381	513	894	1857	172	2029	2923
2........	212	600	812	2192	193	2385	3197
3........	293	355	648	2691	210	2901	3549
4........	301	710	1011	1719	173	1892	2903
5........	444	1053	1497	4154	408	4562	6059
6........	277	968	1245	4569	359	4928	6173
7........	822	547	1369	1500	434	1934	3303
8........	316	560	876	2679	228	2977	3853
9........	429	826	1255	1966	195	2161	3416
10........	597	853	1450	3715	947	4662	6112
11........	135	585	720	1540	215	1755	2475
12........	62	71	133	207	56	263	396
13........	723	1080	1803	3860	1015	4875	6678
14........	693	1458	2151	3660	454	4114	6265
15........	405	1879	2284	5400	498	5898	8482
16........	719	198	917	489	3291	3780	4697
17........	166	121	287	570	309	879	1166
18........	742	1088	1830	3682	102	4707	6537
19........	110	134	244	383	354	737	981
20........	408	1951	2359	3363	130	3493	5852
21........	423	760	1183	2429	525	2954	4137
22 y 23...	87	147	234	267	49	316	550
24........	51	52	103	158	168	326	429
25........	150	97	247	63	312	375	622
26........	42	28	70	38	82	120	190
27........	182	445	627	1118	305	1423	2050
28........	374	380	754	1017	257	1274	2028
Totaux...	9544	17459	27003	55286	12134	67720	94723

Comme nous l'avons dit plus haut, nous croyons qu'une désinfection bien dirigée est d'une influence décisive pour empêcher la propagation des maladies infectieuses. Il y a longtemps que nous avons dit quelque chose de semblable dans une monographie, où nous attribuions une importance extraordinaire à une mesure de cette espèce : nous disions avec Moleschott que, quand il s'agit de navires, mieux vaut une bonne désinfection qu'une longue quarantaine. Après tout, pour employer une expression d'un auteur moderne, une maison n'est pas autre chose qu'un navire, avec cette différence sensible, ajoutions-nous, que celle-là est plus facilement *stérilisable*, bien que dans la pratique il ne nous soit pas permis d'employer ce mot-là.

Les divers tableaux statistiques que nous publions pour des motifs différents dans ce livre, et en particulier celui que l'on trouvera à la fin de ce chapitre, montrent avec la rudesse des chiffres, la marche suivie par les affections contagieuses. Grâce à la vaccine, la variole a diminué; la fièvre typhoïde et la diphtérie sont allées en déclinant, ou du moins ont vu leur marche arrêtée, et cette circonstance ne s'explique que par des mesures de prophylaxie prises relativement à l'eau, véhicule commun et souverain de presque toutes les maladies, ainsi que par la désinfection. Jusqu'à ces derniers temps il n'y avait rien de sérieux; les médecins ne dénonçaient pas leurs clients atteints de maladies contagieuses; l'administration sanitaire, avec ses employés incapables, jouait une comédie dans chaque maison; mais cet état de choses a bientôt changé, grâce à l'initiative patriotique et désintéressée prise par des hommes, qui s'étaient mis à étudier spécial‑ment la question.

Ajourd'hui la désinfection dirigée scientifiquement est un fait, et nous ne tarderons pas à en apprécier les conséquences. C'est peut-être à elle que nous pouvons attribuer la différence de mortalité par le fait de la fièvre typhoïde pendant les dernières années ainsi que par le fait de la diphtérie, bien que cette différence soit infime.

Le service de désinfection constitue une section spéciale de l'administration sanitaire; il est confié à un médecin qui a sous ses ordres immédiats un corps d'hommes exercés maniant parfaitement les instruments et appareils qu'ils ont à leur disposition. Un chariot pourvu des éléments nécessaires suit toujours l'équipe des désinfecteurs; il porte aussi le costume particulier que ceux-ci emploient pour vaquer à leurs fonctions. Pour procéder à la désinfection des maisons, on a recours aux méthodes les plus modernes, acide sulfureux, bichlorure de mercure, suivant les circonstances, et l'on a toujours soin de ne pas endommager les meubles ni les autres objets.

On porte les vêtements des malades, dans des sacs imperméables, aux établissements de désinfection situés sur les points opposés de la capitale, où on les fait passer par l'étuve Schimmel ou par celle de Geneste et Herschell. L'établissement du Nord, inauguré pendant l'administration de l'intendant Bollini, et construit sous la direction du docteur Coni, fait honneur au pays. Il n'est pas nécessaire d'en faire une description spéciale; qu'il nous suffise de dire qu'il est modelé sur son analogue de Berlin, avec quelques modifications qui le rendent encore supérieur. Enfin, pour faire voir l'importance que l'on attribue dans ce pays à la stérilisation par la vapeur sous pression, nous devons dire que plusieurs provinces se sont adressées au Département national d'Hygiène pour obtenir les appareils qui leur permettront d'installer dans les municipes de leurs capitales des établissements de désinfection, d'après le plan adopté dans la capitale fédérale. Mais il ne suffit pas d'avoir de bonnes étuves et les éléments nécessaires: il faut y joindre le concours d'un corps médical qui, convaincu de la gravité du devoir professionnel, n'hésite pas à communiquer les cas infectieux survenus dans sa clientèle. Jusqu'à ces derniers temps, on n'avait pas fait cas de la prescription formelle de la loi sur l'exercice de la médecine (art. 7) qui établit l'obligation de dénoncer «les cas spéciaux d'où il pourrait résulter un danger pour la santé publique».

Pour justifier ce procédé on alléguait que l'intervention de l'administration sanitaire avec des éléments imparfaits et des employés malhabiles, loin d'être salutaire, était nuisible et ne servait qu'à apporter le mécontentement au patient et l'inquiétude chez les habitants. Mais le Département d'hygiène qui, comme on l'a dit plus haut, représente la première autorité sanitaire, et est celle qui répond de la santé de la République, ne pouvait se contenter de cette explication; elle persévéra dans l'obligation qui lui était imposée, de dresser une statistique de la morbi-mortalité infectieuse sans se préoccuper, pour le moment, des précautions à prendre à domicile pour éviter beaucoup d'inconvénients, et d'établir peu à peu la coutume de la dénonciation. A cet effet, elle fit circuler la pièce suivante: «La connaissance exacte de la morbilité par le fait de maladies infectieuses est aussi nécessaire qu'indispensable pour arriver à apprécier le degré de salubrité d'un municipe, et c'est là une circonstance très spéciale en vue de laquelle le Département National d'hy_giène, première autorité sanitaire du pays, réclame le concours efficace du corps médical de la capitale, afin de combler une lacune extrèmement regrettable et répondre ainsi au degré de civilisation que nous avons atteint.

«Par suite de ces considérations j'ai la satisfaction de m'adresser à vous pour vous demander de vouloir bien avoir la bonté de nous aider à atteindre le but que le Département s'est proposé. A cet effet, quand le moment sera venu, vous recevrez des bulletins où j'espère que vous aurez la bonté d'annoter les cas que vous aurez observés dans la pratique des affections qui nous occupent, et je vous prie en même temps de retourner immédiatement les bulletins dès qu'ils seront remplis. Je crois de mon devoir de vous dire que, n'étant poussé que par un *mobile scientifique* de grand intérêt, je garderai une réserve absolue sur les renseignements que vous m'aurez transmis.

«En cas d'acceptation, je vous serai obligé de me renvoyer cette circulaire signée avec indication de domicile».

La Direction de l'Administration Sanitaire et Assistance Publique, plus énergique que le Département, prescrivit la dénonciation sous des peines formelles, et remit à chaque médecin un registre à souche d'où l'on détache une carte qui circule libre de port, conçue en ces termes:

Direction Générale de l'Assistance Publique. Renseignements sur les maladies épidémiques.

LA MALADIE

Lettre indicatrice de l'affection. Date de la vérification. Date probable du début.

LE MALADE

Sexe... Age... Vacciné? Profession... Patron? Ouvrier?
Domicile, rue... nº...

ORIGINE PRÉSUMÉE DE LA MALADIE

Le domicile... Est-ce un conventillo?. L'école... rue...
nº... L'atelier... rue.... nº...

Autre lieu à désigner: domicile du médecin... rue... Signature.— Buenos Aires... 189...

Où l'on lit «lettre indicatrice de la maladie» on doit
mettre la lettre conventionnelle qui indique l'affection dont
il s'agit; par suite de l'ordonnance respective il y en a
neuf:

Tuberculose T; Diphtérie D; infection puerpérale P;
rougeole S; scarlatine E; variole V; choléra asiatique C;
fièvre typhöide F; fièvre jaune A. Sur le revers on lit:

Monsieur le Directeur de l'A. Sanitaire et A. Publique.
Esmeralda 66.

Voici quelques passages de la dernière circulaire adres-
sée aux médecins sur la même matière: «Après la promulgation en date du 29 août de l'ordonnance sur la désinfection obligatoire, et l'inauguration en date du 2 octobre de la même année de la station de désinfection du
Nord, la première de cette espèce établie dans la capitale
de la République, je jugeai à propos de faire un appel au
corps médical résident, au moyen d'une circulaire, et de
faire connaître dans ses détails la nouvelle organisation
du service de désinfection, ainsi que les ordonnances respectives; j'envoyais en même temps à chacun des membres un registre à souche, pourvu de cartes postales pour

la déclaration à la direction de l'Assistance Publique, de tous les cas de maladie contagieuse arrivés dans le Municipe».

«J'éprouve le regret de devoir déclarer que la plupart des médecins, malgré mes démarches réitérées, n'ont pas exécuté l'ordonnance ci-dessus, ce qui cause un grand préjudice à la santé publique.

«Personne ne met en doute qu'une des causes, qui contribuent à maintenir à un point élevé le chiffre de la mortalité de la capitale, ne soit l'action des maladíes infecto-contagieuses; par conséquent, c'est une nécessité, c'est un devoir impérieux pour tous les membres du corps médical argentin de travailler par tous les moyens à leur portée à la diminution de cette cause de mortalité.

«Il est un fait avéré et devenu vulgaire: c'est que la contagion est le facteur, pour ainsi dire unique, dans tous les cas de maladies infectieuses; et c'est un devoir d'humanité en même temps qu'une loi de prophylaxie, de procéder à l'isolement, à la désinfection des malades attaqués de ces affections, ainsi que des localités et des vêtements infectés.

«Il est vrai que jusqu'à ces derniers temps les mesures prophylactiques conseillées par les médecins et les hygiénistes étaient d'une application difficile parmi nous; mais à présent on peut assurer que les éléments disponibles de la Direction sont parfaitement suffisants pour faire face aux besoins du Municipe. Le service de désinfection compte aujourd'hui un personnel nombreux, dirigé par un chef technique compétent, le docteur Jaime R. Costa; il est pourvu de véhicules convenables pour le transport rapide des équipes; il possède trois stations de désinfection, dont chacune est munie d'étuves fixes et portatives; il a des chars spéciaux pour le transport des vêtements infectés et désinfectés, et enfin un chef chargé de surveiller le travail des équipes, plus un inspecteur pour visiter les localités où se trouvent les sujets atteints de maladies contagieuses, avec ordre de communiquer au directeur du service le moment de la guérison ou de la mort, pour procéder immédiatement à la désinfection. Puisque l'Administration Sanitaire a de semblables éléments à sa disposition, il n'est pas possible que cette direction continue à tolérer plus longtemps la négligence que mettent certains médecins à accomplir une ordonnance analogue à celle qui se trouve aujourd'hui en vigueur dans tous les pays les plus avancés de l'univers.

« En septembre dernier, on a remis à tous les médecins résidents le registre à souche dont nous avons parlé plus haut; dans le cas où quelques uns d'entr'eux ne l'auraient pas reçu ou l'auraient égaré, la Direction les prie de le demander oralement ou par écrit, au médecin interne de garde à la Direction, rue Esmeralda 66. Il convient de rappeler que, après entente avec la Direction Générale des Postes, les cartes postales du Registre contenant les déclarations circuleront libres de port.

«Comme directeur de l'administration sanitaire (docteur Coni) et par conséquent chargé de faire exécuter les dispositions sanitaires en vigueur, je remplis le devoir de porter à la connaissance des médecins que, à partir du 20 courrant, on exigera l'exécution stricte de l'ordonnance sur la déclaration obligatoire des maladies infecto contagieuses, et, comme conséquence on appliquera les peines qui y sont édictées».

Outre la prescription de la loi réglementant les diverses
branches de l'art de guérir qui établit l'obligation de dénoncer les cas pouvant impliquer un danger, l'Intendance
Municipale édicta, en date de Juin 1887, l'ordonnance
invoquée plus haut par le directeur de l'Administration
sanitaire, dont nous reproduisons les articles relatifs à la
question: 1°. A partir de la promulgation de cette ordonnance, tous les médecins, résidant dans le Municipe de
la capitale, auront l'obligation de communiquer vingt
quatre heures après en avoir eu connaissance, tous les
cas de maladie infectieuse ou contagieuse qui s'y seront
produits; 6° les médecins qui, sans motifs justifiés auraient négligé de faire les déclarations contenues dans
l'article 1er seront admonestés pour la première fois; en
cas de récidive, ils seront passibles d'une amende de 20
piastres nationales pour chaque déclaration qu'ils auront
négligé de faire. Les maladies infecto-contagieuses que
vise l'article 1er de cette ordonnance sont celles que nous
avons énumérées plus haut.

En septembre 1892, l'Intendance Municipale promulgue
cette nouvelle ordonnance prescrivant la désinfection
obligatoire; 1° à partir de la promulgation de la présente
ordonnance, est prescrite la désinfection obligatoire des
localités où se seront manifestés des cas de maladies contagieuses; 2° cette désinfection sera gratuite pour les indigents avérés; quant aux personnes qui ne le seront pas,
la Direction de l'assistance Publique est autorisée à ré-
clamer le paiement du service d'accord avec le tarif qui
sera approuvé en temps et lieu par le Département Exécutif; 3°. La désinfection sera faite par le personnel destiné
à cet effet par l'Assistance Publique, indépendamment de

celle qu'aura pu faire auparavant tout autre médecin et d'accord avec les instructions formulées par ce bureau; 4°. La désinfection aura lieu pendant tout le temps de l'évolution de la maladie, et, dans le cas où l'on y mettrait obstacle, on demandera l'application d'une amende de cent piastres monnaie nationale, et l'on requerra sans perdre de temps l'action de la force publique pour mener à bonne fin l'isolement du domicile du malade, d'abord et ensuite la désinfection; 5°. L'application de l'amende, dont il est question à l'article antérieur, se fera à la personne qui se sera opposée à la désinfection ou à la personne chargée de la gérance de la maison, habitée par le malade, si c'est une maison *d'inquilinato*; il est entendu que les auberges, hôtels, maisons garnies rentrent dans cette catégorie; 6°. Le propriétaire ou locataire principal d'une maison ou d'une partie de la maison où se sera manifestée une maladie infecto-contagieuse, et qui n'aura pas pris un certificat de l'Assistance Publique déclarant qu'il a été procédé à la désinfection de la localité et des objets contaminés, sera puni d'une amende de deux cents piastres monnaie nationale; 7°. Sont considérés comme susceptibles de la désinfection obligatoire les maladies suivantes: choléra, fièvre jaune, variole, diphtérie, scarlatine, fièvre typhoïde, rougeole et tuberculose pulmonaire; 8°. Sont abrogées toutes les dispositions qui s'opposent à ce qui est prescrit par la présente ordonnance.

Pour compléter ce chapitre, nous ajouterons qu'il existe dans chaque paroisse une commission de cinq notables, chargée de veiller à l'exécution immédiate de toutes les ordonnances municipales sur l'hygiène, la moralité et la sécurité. Cette même commission doit visiter les habitations insalubres, et ordonner de faire les modifications nécessaires, après en avoir donné avis à l'Intendance Municipale, qui charge 'un inspecteur d'en assurer l'exécution stricte dans le terme absolu de quinze jours.

En cas de non-exécution de l'ordonnance l'Intendance applique l'amende prescrite. Nous consignons plus loin un tableau qui donne en chiffres absolus les décès par le fait de maladies infecto-contagieuses pendant les années 1869-92, de même que d'autres maladies détaillées de cette dernière année, et nous rappelons à ce sujet que la population de la capitale, qui était, au 31 décembre 1891 de 529,164 habitants, était au même jour de 1892, de 550,429, population calculée avec exactitude par le Bureau démographique d'après les éléments qui font varier la population.

Quant aux provinces, il n'est pas possible d'en consigner les renseignements, même approximativement, pour les motifs que nous avons exposés ailleurs.

Décès par maladies infecto-contagieuses dans les années 1869-1892

ANNÉES	CHIFFRES ABSOLUS							
	Variole	Dipthérie	Fièvre typhoïde	Rougeole	Scarlatine	Coqueluche	Choléra asiatique	Fièvre jaune
1869	183	114	600	5	2	20	319	—
1870	195	63	165	1	11	36	—	3
1871	1656	53	159	12	12	12	—	13761
1872	836	126	176	5	18	29	2	—
1873	76	131	161	71	—	24	56	—
1874	525	202	205	121	—	24	790	1
1875	1041	212	140	8	21	63	—	—
1876	22	206	134	11	24	13	—	—
1877	12	136	106	39	6	56	—	—
1878	7	222	114	19	10	11	—	—
1879	429	382	147	62	50	30	—	1
1880	832	335	163	3	13	32	—	—
1881	7	241	216	43	14	22	—	—
1882	362	221	212	95	12	42	—	—
1883	1510	193	180	5	12	17	—	—
1884	142	253	193	194	25	30	—	—
1885	736	336	209	17	67	51	—	—
1886	536	493	272	56	60	29	641	—
1887	1290	975	279	141	59	35	529	—
1888	657	1385	388	99	17	67	—	—
1889	183	915	509	261	17	85	—	—
1890	2198	1037	628	80	26	57	—	—
1891	298	631	417	56	10	99	—	1
1892	30	605	415	114	11	32	—	—

Décès selon les principales maladies contagieuses 1892

PAROISSES	Fièvre typhoïde H	Fièvre typhoïde F	Variole H	Variole F	Rougeole H	Rougeole F	Scarlatine H	Scarlatine F	Coqueluche H	Coqueluche F	Diphtérie et Croup H	Diphtérie et Croup F	Tuberculose pulmonaire H	Tuberculose pulmonaire F	Totaux généraux H	Totaux généraux F	TOTAL
Catedral al Norte	1	—	—	—	1	2	—	—	—	—	4	4	13	7	19	13	32
Catedral al Sud	1	1	—	2	—	—	—	—	—	—	12	4	7	6	10	11	21
Monserrat	2	4	—	—	1	—	—	—	1	1	10	8	11	16	25	31	56
San Nicolás	1	1	—	—	2	1	—	1	—	—	5	9	9	6	17	18	35
Socorro	2	1	—	—	2	3	1	1	—	—	4	4	9	12	17	21	38
San Miguel	2	1	—	—	2	—	1	—	—	—	2	5	8	8	15	15	30
Pilar	13	20	1	1	17	18	—	—	3	3	21	29	46	109	111	179	280
Piedad	1	1	—	—	3	3	1	3	1	2	6	10	12	12	22	27	49
Balvanera	29	11	4	2	8	12	3	—	3	1	67	73	168	55	275	156	431
San Cristóbal	29	25	5	3	18	6	—	—	—	1	83	80	160	62	300	176	476
Concepcion	8	3	9	1	5	4	—	—	3	—	25	21	37	20	80	52	132
San Telmo	12	—	—	2	1	2	—	—	5	3	5	15	38	13	65	31	96
San Juan Evangelista	2	2	—	—	5	1	—	—	—	1	14	10	10	16	34	31	65
Santa Lucia	11	11	—	—	3	12	—	—	2	1	28	17	92	46	139	89	228
San José de Flores	7	6	—	—	3	7	—	—	—	1	17	17	15	19	42	50	92
Belgrano	5	2	—	—	2	—	—	—	—	—	3	3	6	12	18	18	36
Totaux	126	89	19	11	73	71	6	5	18	14	296	309	641	419	1179	918	2097

Décès selon la nationalité—Mortalité générale 1892

NATIONALITÉ	H.	F.	Total	NATIONALITÉ	H.	F.	Total
Argentins......	5452	4808	10260	Anglais..........	84	52	136
Allemands	51	51	78	Italiens..........	1375	641	2016
Nort-Américains	11	2	13	Orientaux	94	113	207
Autrichiens	40	6	46	Paraguayens	14	25	39
Belges.........	20	10	30	Portugais........	19	8	27
Boliviens	2	4	6	Suisses..........	31	14	45
Brésiliens......	14	7	21	Autres nationalités	58	21	79
Chiliens	9	4	13	Sans spécification.	107	28	135
Espagnols......	628	285	913				
Français.......	366	181	547	Total...	8375	8236	14611

Décès selon l'état civil (au dessus de 15 ans)

ETAT CIVIL	ARGENTINS			ÉTRANGERS			TOTAUX		
	H.	F.	Total	H.	F.	Total	H.	F.	Total
Célibataires.........	256	354	880	1038	221	1259	1564	575	2139
Mariés..............	368	308	676	1357	684	2041	1725	992	2717
Veufs...............	105	339	444	281	364	645	386	703	1089
Sans spécification ,....	18	20	38	103	18	121	121	38	159
Totaux...	1017	1021	2038	2779	1287	4066	3796	2308	6104

Décés selon l'age.—Mortalité générale. 1892.

AGE	ARGENTINS			ÉTRANGERS			TOTAUX		
	H.	F.	Total	H.	F.	Total	H.	F.	Total
Moins d'un jour	718	550	1268	—	—	—	718	550	1268
D'un jour à un mois	5	2	7	—	—	—	5	2	7
De un à six mois	531	389	920	—	—	—	531	389	920
De six mois à un an	727	553	1280	9	12	21	736	565	1301
De 1 à 2 ans	714	652	1366	10	14	24	724	666	1390
De 2 à 5 »	837	780	1617	12	24	36	849	804	1653
De 5 à 10 »	630	579	1209	34	31	65	664	610	1274
De 10 à 20 »	206	201	407	51	43	94	257	244	501
De 20 à 30 »	175	178	353	89	69	158	264	247	511
De 30 à 40 »	241	210	451	380	232	612	621	442	1063
De 40 à 50 »	190	143	333	568	263	831	758	406	1164
De 50 à 60 »	163	116	279	644	231	875	807	347	1154
De 60 à 70 »	118	124	242	542	170	712	660	294	954
De 70 à 80 »	86	112	198	317	145	462	403	257	660
De 80 à 90 »	64	113	177	172	118	290	236	231	467
De 90 à 100 »	32	74	106	51	50	101	83	124	207
	4	18	22	10	10	20	14	28	42
	4	8	12	7	4	11	11	12	23
	7	6	13	27	12	39	34	18	52
Totaux	5452	4808	10260	2923	1428	4351	8375	6236	14611

Laboratoire Bactériologique

La nécessité d'établir un diagnostic précis, dans les premiers cas réputés suspects de choléra en 1886, donna naissance au laboratoire bactériologique qui fonctionna depuis lors sous l'habile direction du docteur Tele maco Susini. Avant ce laboratoire il y en avait d'autres de caractère particulier, mais dont le but était beaucoup plus restreint.

Le laboratoire est sous la direction immédiate de son chef et de ses aides. Il s'occupe d'étudier les produits réunis par les hôpitaux, les médecins de section et les médecins particuliers, ainsi que de toutes les questions relatives à l'hygiène publique que son chef juge á propos ou que le directeur de l'Assistance lui prescrit d'examiner. Le chef du laboratoire est en même temps prosecteur, c'est-à dire qu'il fait toutes les autopsies qui lui sont ordonnées pour le service public, ce qui était indispensable depuis long-temps.

Ce que nous venons de dire suffit pour faire apprécier la nature des services qu'il rend dans les mains expérimentées de son éminent directeur. Il faut aujourd'hui reconnaître que la chimie médicale et la microscopie facilitent extraordinairement dans beaucoup de cas l'art du diagnostic et «le perfectionnent au point de lui imprimer tous les caractères de certitude: il faut également reconnaître que ces deux branches de la science médicale moderne ont fait perdre aux préceptes de l' hygiène le cachet d'incertitude des conceptions théoríques pour leur donner la sécurité des solutions expérimentales». La prescription, qui veut que ce soit le chef du laboratoire qui fasse les autopsies dans les cas où l'on soupçonnerait l'existence d'une affection exotique, est une mesure d'une importance scientifique et d'avantages pratiques incalculables. Auparavant, en pareille circonstance, on désignait une commission plus ou moins nombreuse de médecins, pour résoudre le problème, et celle-ci ne se hâtait pas d'expédier l'affaire autant qu'il eût été nécessaire; il en résultait même des discussions passionnées entre ses membres qui souvent recouraient à la presse pour soutenir leurs opinions. Ce procédé incorrect donna lieu à un arrêté du Département National d'hygiène qui défendit aux médecins de discuter par la presse leurs opinions sur les cas problables d'affections exotiques, tant que le mot officiel n'eût pas été dit par l'autorité compétente.

Mais le rôle du laboratoire de Buenos-Aires ne s'est pas borné exclusivement à déterminer s'il existe des bacillus dans les crachats ou à faire l'analyse du sang; sa sphère d'action s'est bien élargie: c'est là qu'on a élaboré, pour ainsi dire, l'intéressante thèse du docteur Malbran présentée à l'Ecole de médecine en 1887, de même que celles des docteurs Sanchez Negrete et Lima sur la blénorrhagie et la diphtérie; c'est de ce même laboratoire que sont sorties l'étude du docteur Dominguez, sous-directeur, sur l'évolution étrangère du bacille du choléra et les intéressantes monographies du docteur Susini sur diverses matières.

C'est encore là qu'on a étudié le charbon et les vaccins préventifs, et que l'on a suivi pas à pas toutes les découvertes, tout en contrôlant les travaux d'autrui et cherchant pour son propre compte à éclaircir beaucoup de points. A propos du charbon, affection qui s'est répandue assez dans ces derniers temps, nous devons rappeler les travaux faits par le docteur Wernicke dans le cabinet bien pourvu de la Société Rurale.

En dehors de ces laboratoires publics, on n'en trouve pas dans la République qui aient quelque importance. Les bureaux chimiques, qui fonctionnent dans presque toutes les Provinces, ont à leur disposition une petite section pour les expériences les plus élémentaires, et rien de plus.

La Faculté de Médecine, comme nous le disons plus loin, est en train d'en monter un de premier ordre, et possède déjà quelques uns des éléments qui doivent servir à le former, entre autres un puissant microscope électrique.

· Le Département National d'hygiène, que vient de créer le Bureau Sanitaire et qui a sous sa dépendance la section de bactériologie, possède déjà le local où l'on doit installer les appareils dont la commande a été faite en Allemagne.

Le laboratoire, dont il s'agit, a des modèles imprimés pour rendre compte du résultat des analyses qu'on lui demande. On y répond à toutes les questions formulées par l'intéressé, sur les propriétés physiques, l'examen chimique et microscopique de la matière livrée.

Le plan suivant donne une idée de l'installation du laboratoire.

Plan du laboratoire

EXPLICATION

A—Salle des travaux

B—Salle d'attente

C—Bureau

D—Dessin

E—Salle des cultures

F—Salle des étuves

G—Chambre obscure

H—Animaux, expériences

I—Entrepôt

J—Four crématoire

K—Ecurie

L—Cour

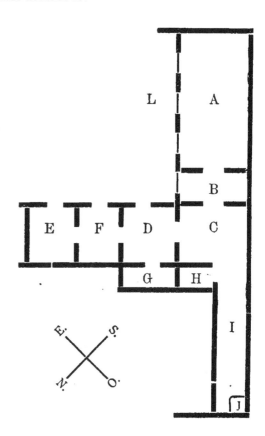

Analyses faites au laboratoire bactériologique pendant les années 1889-92

PROVENANCES	Crachats	Urine	Diarrhée	Pus	Tumeurs	Liquides pathologiques et matières fécales	TOTAL
Année 1889							
Particuliers (payés)...	31	49	2	—	3	1	86
» (gratis)...	20	9	—	—	3	2	34
Hôpital San Roque....	46	32	2	—	2	—	82
» des Chroniques	12	21	—	—	—	—	33
Dispensaire de salubrité	—	—	56	122	20	3	201
Maison d'Isolement...	121	3438	10	—	6	—	3575
Mixte Invalides.......	12	21	1	1	2	—	37
Hospice Las Mercedès.	—	2	—	—	—	—	2
Syphilicome..........	—	—	4	14	—	—	18
Médecins de section...	—	9	1	—	1	1	12
Totaux....	242	3581	76	137	37	7	4080
Année 1890							
Hôpital de Clinique....	8	54	—	1	—	1	64
Maison d'Isolement...	88	4438	—	—	—	5	4531
Hôpital San Roque....	16	14	—	1	1	1	33
» des Chroniques	48	44	—	—	1	1	94
» Rawson.......	24	46	—	6	2	1	79
Médecins de section...	17	39	—	4	1	2	63
Dispensaire de salubrité	—	—	—	167	—	—	167
Particuliers (payés)...	26	35	—	9	—	1	71
Hospice Las Mercedes.	1	8	—	—	1	—	10
Syphilicome	—	7	—	101	—	—	108
Bureau de consultations	12	35	—	7	—	2	56
Particuliers (gratis)...	4	9	—	—	—	1	14
Hôpital San Luis......	—	1	—	—	—	—	1
Totaux....	244	4730	—	296	6	15	5291

Analyses faites au laboratoire bactériologique pendant l'année 1891

PROVENANCES	PRODUITS PATHOLOGIQUES						TOTAL
	Crachats	Urine	Dia-rrhée	Pus	Tu-meurs	Liquides patholo giques et matiè-res féca-les	
Isolement	86	3646	—	—	—	2	3734
San Roque	42	42	—	3	—	2	89
Rawson	32	65	—	5	4	10	116
Chroniques	54	81	—	1	—	—	136
Juge d'Instruction	—	—	—	1	—	—	1
Syphilicome	1	6	-	24	—	—	81
Bureau de consultation	32	56	—	22	—	31	141
Dispensaire de salubrité	—	—	—	12	—	—	12
Particuliers (payés)	23	31	—	—	1	5	60
Médecins de section	8	5	—	1	—	1	15
Hospice de las Mercedes	—	3	—	—	—	—	8
Particuliers (gratis)	10	11	—	2	—	8	31
San Luis (enfants)	3	10	—	—	—	—	13
Rivadavia	4	8	—	—	—	—	12
Totaux	295	3964	—	121	5	49	4444

Laboratoire bactériologique. Analyses faites en 1892

PROVENANCES	Urine	Crachats	Pus	Lait	Liquides pathologiques	Matières fécales	Parasites	Viscères	Tumeurs	Biologiques	Air	Eaux	Autopsies	Divers	Total
Maison d'Isolement	2057	166	1	—	1	—	—	2	1	—	—	—	—	2	2230
Hôpital Rawson	45	38	1	—	3	1	—	—	2	—	—	—	—	1	91
" San Roque	59	54	—	—	3	—	—	—	—	—	—	—	—	—	116
" des Cliniques	—	1	—	—	—	—	—	—	—	—	—	—	11	—	12
" Espagnol	—	—	—	—	—	—	—	—	1	-	—	—	—	—	1
" Rivadavia	1	—	—	—	—	—	—	—	—	—	—	—	—	—	1
Syphilicome	8	6	—	—	—	—	—	—	—	—	—	—	—	—	14
C. Centrale	154	60	9	18	4	—	5	—	4	5	—	—	—	—	259
Médecins de Section	—	—	—	3	—	6	—	—	—	—	—	—	39	—	48
Direction générale	2	3	—	—	4	3	—	—	—	—	—	—	14	—	26
Laboratoire	—	—	—	—	—	—	—	—	—	—	7	—	—	—	7
Particuliers	35	42	2	2	1	—	—	—	2	—	—	1	-	1	86
Analyses spéciales	—	—	-	7	—	—	—	—	—	2	—	—	—	—	9
Eaux	—	—	—	—	—	—	—	—	—	—	—	165	—	—	165
Totaux	2361	370	13	30	16	10	5	2	10	7	7	166	64	4	3065

Laboratoire de Vaccine anti-rabique

La fameuse découverte de Pasteur était appelée à produire une grande émotion dans le monde scientifique, analogue à celle qu'avait produite autrefois la découverte encore plus fameuse de Jenner: celle-ci, malgré les résistances systématiques qu'elle rencontra, ne devait pas tarder longtemps à s'imposer et à faire son chemin dans l'humanité, sauvant les hommes sinon d'une mort certaine, au moins d'un stigmate qui les défigurait pour la vie entière.

Il en a été de même pour la découverte de Pasteur, celle du vaccin anti-rabique: il s'agissait d'un fait d'une si grande importance, non seulement eu égard à l'étrangeté de la méthode employée, mais encore parce que jusqu'alors la terrible maladie n'avait pardonné à personne, que les médecins de Buenos Aires se hâtèrent de faire les démarches nécessaires pour importer le plus tôt possible dans cette partie de l'Amérique les bienfaits de cette création du génie. A cet effet, on tint des conférences qui furent présidées par le docteur Ignacio Pirovano, l'éminent chirurgien, et le gouvernement autorisa à faire les dépenses nécessaires; mais au même moment, le ministre argentin à Paris, le docteur Paz, persuadé qu'il rendrait en cela un véritable service à son pays, appela à la Légation les jeunes médecins, enfants de la République qui complétaient leurs études dans cette capitale et les invita à suivre de près les expériences de Pasteur pour les introduire à Buenos Aires. Trois jeunes gens se rendirent à l'invitation: ce fut au docteur Davei qu'échut.la gloire de faire arriver à Buenos Aires un lapin préparé par des inoculations successives opérées sur d'autres animaux avec le virus médullaire extrait d'un premier lapin donné par Pasteur à la Légation Argentine qui en avait fait la demande. C'est ainsi qu'on installa dans cette capitale un laboratoire de vaccine antirabique, qui se trouva être le premier dans l'Amérique du Sud et le cinquième dans le monde entier.

Le laboratoire n'était pas encore achevé, quand le 2 septembre, au moment où l'on allait compléter la série des moëlles nécessaire pour la vaccine, M. le Ministre d'Espagne présenta au docteur Davel deux enfants qui avaient été mordus quelques jours auparavant, à Montevideo, par un chien manifestement enragé.

La situation du distingué disciple de Pasteur devait être embarrassante, difficile, comme il le disait lui-même; car il aurait désiré avoir le temps de répéter quelques expériences avant d'essayer directement le traitement sur l'espèce humaine pour assurer l'inaltérabilité du vaccin; il était certain que les lapins qui l'avaient fourni étaient morts avec tous les symptômes caractéristiques de la rage; néanmoins, on ne pouvait savoir si les différences de climat, de dessication, où l'on opérait, avaient altéré le virus, et par conséquent, pour sauver les enfants de.la mort qui les menaçait, on allait peut-être inoculer une rage plus violente que celle du chien qui les avait mordus. Mais le moment était critique; il n'y avait pas de temps à perdre, ajoutait le docteur Davel; chaque jour qui s'écoulait ajoutait au péril du retard, et les enfants pouvaient devenir enragés malgré l'intervention médicale. Enfin, après avoir pris le conseil autorisé de quelques collègues, il se décida à faire la première inoculation: elle fut effectuée en présence d'un public éclairé, avec une solution de moëlle qui avait quatorze jours de dessication. Cette première inoculation fut suivie de neuf autres, qui constituaient le traitement définitif, et où l'on employa une moëlle progressivement plus fraîche, avant d'arriver à la dixième qui n'avait que deux jours de dessication.

C'est ainsi que fut définitivement inauguré le laboratoire de vaccine anti-rabique qui a rendu de si nombreux et de si importants services, non seulement à ce pays, mais encore aux pays limitrophes.

Ces deux enfants sortaient à peine du laboratoire, que deux personnes de la même provenance vinrent demander l'inoculation Pasteurienne; elles avaient été mordues quelques jours auparavant par un chien enragé, ce qui fut prouvé en inoculant avec sa moëlle deux lapins qui, au bout de 18 et de 20 jours montrèrent respectivement les signes classiques de la rage. Les deux nouveaux malades furent traités comme les premiers, et dans le deux cas le succès le plus complet vint couronner l'oeuvre.

Depuis lors, le laboratoire a fonctionné régulièrement; à tel point que, à la date du 31 Décembre 1891, on avait vu arriver à ses bureaux 116 personnes, qui venaient demander assistance et dont onze seulement ont succombé. Ce qui fait voir l'inmmense différence de mortalité entre ceux qui ont subi l'inoculation pasteurienne et ceux qui ne l'ont pas connue. La plus favorable des statistiques de la rage, en dehors de cette intervention, présente un 30 % de mortalité.

Les tableaux suivants font connaître le mouvement de l'Institut dont nous parlons pendant la période triennale de 1890-92.

Mouvement du laboratoire de Vaccine anti-rabique pendant la période triennale 1890-92

ANNÉE 1890

PROVENANCES	Argentins		Orientaux		Italiens		Espagnols		Français		Allemands		Autres nationalités		Totaux		Total Genér
	H.	F.	H.	F.	H.	F.	H.	F.	H.	F.	H.	F.	H.	F.	H.	F.	
Capitale........	62	19	5	—	28	4	19	1	10	2	—	—	6	1	130	28	158
Rép. Orientale.	—	—	10	2	7	1	5	—	1	—	—	—	1	—	24	3	27
Province de B. A.	20	11	1	—	11	3	3	—	3	—	—	—	1	—	39	14	53
" de Mendoza	4	—	—	—	—	—	—	—	—	—	—	—	—	—	4	—	4
" de Corrient.	2	2	—	—	1	—	1	—	—	—	—	—	—	—	4	1	5
Chaco.........	—	—	—	—	—	—	1	—	1	—	—	—	—	—	—	—	2
Totaux	88	31	16	2	47	8	29	1	15	3	—	—	8	1	201	36	249

ANNÉE 1891

PROVENANCES	Argentins		Orientaux		Italiens		Espagnols		Français		Allemands		Autres nationalités		Totaux		Total Genér
	H.	F.	H.	F.	H.	F.	H.	F.	H.	F.	H.	F.	H.	F.	H.	F.	
Capitale........	63	38	3	—	30	8	15	8	9	6	1	1	5	1	126	62	188
Rép. Orientale..	—	—	13	6	6	2	1	—	—	—	—	—	—	1	20	9	29
Province de B. A.	16	9	3	—	7	2	1	1	2	—	—	—	—	1	27	15	42
" de Mendoza	2	—	—	—	—	—	—	1	—	—	—	—	—	—	2	1	3
" de Corrient.	8	1	—	—	—	—	2	—	—	—	—	—	—	—	10	1	11
" de Tucum..	7	—	—	—	—	—	—	—	—	—	—	—	—	—	7	—	7
" de San Juan	3	—	—	—	—	—	—	—	—	—	—	—	—	—	3	—	3
Gouv. du Chaco	—	—	—	—	—	—	—	—	—	—	—	—	—	—	1	—	1
Nav. Ital. Andrea Provano........	—	—	—	—	1	—	—	—	1	—	—	—	—	—	1	—	6
Totaux . .	99	48	19	6	44	12	19	10	10	8	1	1	8	3	197	88	285

Mouvement du Laboratoire de Vaccine anti-rabique
Pendant l'année 1892

Inoculations effectuées............... 3862

Malades traités..................... 334

Hommes..................... 241 }
Femmes..................... 93 } 334

PROVENANCES		NATIONALITÉ	
Capitale Fédérale......	217	Argentins............	175
Province de B. Aires...	73	Italiens.............	72
» d'Entre-Rios.	9	Espagnols...........	43
» de Corrientes.	6	Français............	14
» de San Juan .	3	Anglais.............	2
» de Tucuman .	5	Orientaux...........	21
» de Catamarca	1	Autres nationalités ...	7
» de Mendoza..	1	—	
République de l'Uru-		—	
guay...............	19	—	
TOTAL.....	334	TOTAL.....	334

Train Central d'Ambulances

Cette section, sans importance scientifique, est cependant un complément indispensable de l'administration sanitaire. Aux yeux du public, la bonne marche de son organisation interne assure bien souvent le succès de l'institution à laquelle elle appartient. Le depôt des ambulances occupe une partie du bâtiment de la Direction Générale, de sorte que les ordres transmis par le télégraphe ou par le téléphone de la part des médecins de section, de la Santé (les malades ordinaires des navires), pour les cas de mort, ainsi que de la part des commissaires de police communiquant les accidents arrivés sur le voie publique, sont inmédiatement exécutés.

Les ambulances, qui sont de grands chars à élastiques, parfaitement construits pour le but à remplir, sont partagées en deux catégories: celles qui servent à transporter les malades atteints de maladies contagieuses à la maison d'Isolement, celles qui doivent en faire autant pour les malades et les blessés; celles qui portent les vêtements aux stations de désinfection et enfin les chars mortuaires ou funéraires.

Le personnel du train central d'ambulances se compose du chef, du majordome, des palefreniers et des cochers: tous ces gens—là doivent savoir lire et écrire; les derniers doivent porter l'uniforme prescrit par la Direction Générale.

Inspection des marchés d'approvisionnement

Ce service, d'une importance qu'on ne saurait méconnaître, n'est pas encore définitivement institué, ni par conséquent réglementé; cependant, nous avons la satisfaction de dire qu'avant longtemps tous les articles de consommation seront soumis à un examen minutieux. A cet effet, en ce moment même, la Direction générale est en train d'étudier le projet de règlementation, et elle a déjà mis au concours les nouveaux emplois de vétérinaires—inspecteurs créés par elle.

Actuellement, l'inspection vétérinaire comprend les services suivants : inspection des *corrales* (enceintes palissadées où l'on enferme le bétail) et les abattoirs des marchés, de la volaille que l'on vend pour la consommation, des *tambos* (étables à vache) et écuries, des boucheries, des charcuteries et fabriques de conserves, des ventes de légumes. Tous ces services sont sujets à une règlementation technique, que les employés doivent faire observer strictement, sous la plus sérieuse responsabilité.

L'inspection des abattoirs est faite aujourd'hui par six vétérinaires; ce nombre sera porté prochainement à onze, à cause des besoins du service: ces employés sont tenus d'examiner les animaux vivants dans les enceintes où on les amène (bretes et corrales,) et d'assister ensuite à l'abattage pour observer les viscères et la viande. Dans un projet de règlementation spéciale que vient d'élaborer le docteur Malbran, inspecteur technique d'hygiène, on détermine les maladies qui doivent motiver le rejet de la viande, ce qui arrive encore quand elle provient d'animaux contusionnés ou qui présentent un degré de nutrition insuffisant. '.

Il y a un bureau pour l'examen microscopique des viandes qui fonctionne au local même des abattoirs, et qui a pour but d'éclairer, au moyen des éléments dont il dispose, l'opinion des vétérinaires dans les cas graves qui réclament son intervention.

Ce bureau est sous la dépendance directe de l'Inspection technique; ses employés sont tenus d'y rester pendant toute la durée de l'abattage et jusqu'à ce que les vétérinaires aient achevé leur tâche quotidienne. Le chef de ce même bureau est tenu de présenter tous les quinze jours un tableau démonstratif du mouvement du laboratoire, où il consigne pour chaque cas le résultat de l'examen effectué.

Un des points essentiels de la réglementation à l'étude est celui qui établit un seul local pour l'abattage des bêtes á cornes ainsi que des bêtes ovines.

Dans toutes les provinces, au moins dans les centres de population les plus importants, ce service est installé depuis longtemps et fonctionne régulièrement.

Il est exceptionnel de rencontrer un animal atteint d'une affection qui puisse présenter un danger pour la santé publique; le charbon, qui dernièrement semblait avoir pris un certain développement, s'est localisé sur deux ou trois points de la province de Buenos Aires et d'Entre-Rios; dans le reste du pays, on peut dire qu'il est presque inconnu. La tuberculose est très-rare dans les bêtes à cornes créoles; cependant il semble que les métisses sont prédisposées à cette affection. Mr. Bernier, professeur à l'Ecole Vétérinaire de Santa Catalina, dit que sur mille autopsies de veaux il n'a trouvé qu'un seul tuberculeux. On a dressé une statistique semblable au conservatoire national de la Vaccine.

Enfin, pour donner une idée du soin que les autorités mettent à s'occuper de cette matière, indépendamment de ce que nous avons déjà dit à propos de la nouvelle réglementation, nous devons ajouter que le département National d'hygiène a soumis au Gouvernement une étude détaillée sur la police sanitaire des animaux dans toute la République, ainsi que sur l'importation et l'exportation des animaux vivants; cette dernière mesure a pour but d'inspirer de la confiance aux acheteurs de l'Etranger.

ASSISTANCE PUBLIQUE

———

Suivant le plan que nous nous sommes tracé, nous avons maintenant à nous occuper des diverses sections embrassées par l'Assistance Publique. Ce sont: l'assistance à domicile, l'assistance à l'hôpital, l'assistance aux bureaux de consultation de la Maison Centrale et l'assistance des aliénés.

Nous laissons de côté l'assistance de ces derniers qui doit être comprise dans la seconde section—assistance dans les hôpitaux—pour plus de clarté dans la description et pour nous en tenir au partage que l'on a fait de l'Administration sanitaire et de l'Assistance publique. C'est pour la même raison qu'au chapitre précédent nous avons parlé de la Maison d'Isolement et du Syphilicome.

Assistance a domicile

Ce sont les anciens médecins municipaux, appelés aujourd'hui médecins de l'Assistance Publique, qui donnent l'assistance professionnelle aux pauvres avérés résidant dans le rayon de la section à laquelle ils sont attachés. Ces médecins ne peuvent quitter le municipe pour plus de six heures sans un permis préalable de la Direction Générale, et sans laisser un substitut; en outre, ils sont strictement tenus de donner une consultation quotidienne de deux heures à leur propre domicile, qui doit être situé dans le périmètre de leur section, ou au local de la commission d'hygiène ou du commissariat de police. Dans les cas où ils se trouvent en présence de maladies contagieuses, déclarées dans les auberges ou dans les *conventillos,* ils sont tenus d'envoyer les sujets attaqués à la Maison d'Isolement. ou de prendre les mesures convenables d'isolement, en attendant l'intervention de la Direction Générale qui doit les compléter par les moyens dont elle dispose. Dans les cas douteux, ils peuvent requérir le concours d'un collègue.

Les malades, qui réclament l'assistance à l'hôpital, sont envoyés au bureau de consultation central; là ils sont examinés et passent ensuite à tel ou tel établissement suivant l'affection dont ils sont atteints; dans les cas d'urgence, ou s'il y a impossibilité de remplir ces prescriptions, les médecins peuvent agir directement, sauf à rendre compte du diagnostic formulé à l'hôpital où l'on envoie les malades, en y joignant les données suivantes: nom, âge, état, sexe, nationalité, etc.

Dans les cas de mort sans assistance médicale, jusqu'à ces derniers temps, les médecins devaient étudier le cadavre sous le rapport médico-légal, et dans le cas où ils ne pouvaient fonder un diagnostic, ils devaient faire un rapport afin que le prosecteur procédât à l'autopsie; mais aujourd'hui cette fonction est remplie par le médecin des morts; cet emploi a été créé dernièrement, à cause de l'excès de travail des médecins de section. Ce médecin est tenu dans tous les cas d'adresser un rapport détaillé au prosecteur chargé de l'autopsie, comme il a été dit plus haut. Le médecin des morts prend part au service des nécropsies, quand il en est requis par le chef pour abréger le travail.

Nous avons déjà dit que l'assistance gratuite à domicile ou au bureau central des consultations n'est accordée qu' aux pauvres avérés: à cet effet, on tient à la Direction Générale un registre où sont annotés les noms de ceux qui présentent des certificats de pauvreté délivrés par le curé de la paroisse, le président de la commission paroissiale ou par le commissaire de police. Les ministres et consuls étrangers, de même que les présidents des sociétés de charité, peuvent également donner ces certificats. Cette mesure est venue mettre fin à un abus inqualifiable commis par des personnes influentes, et les effets s'en sont fait sentir aussitôt.

En dehors des personnes qui sont inscrites au registre comme pauvres reconnus, nulle autre ne peut recevoir gratuitement les soins de l'Assistance Publique, sauf les cas d'urgence et les cas imprévus qui sont livrés au jugement du Directeur général ou du médecin interne de garde qui le représente pendant son absence. Les

malades provenant des provinces ne sont admis qu' à
la condition que la commune qui les envoie paiera les
frais de l'assistance, conformément à l'ordonnance du
19 décembre 1890. Pour les cas où ce sont les malades qui
doivent payer l'hospitalité, il existe un tarif, comme nous
l'avons dit en parlant du Syphilicome, et comme on verra
encore quand nous parlerons des autres établissements.

Les recettes prescrites par les médecins de l'Assistance
Publique pour les pauvres peuvent être expédiées gratuitement à la pharmacie centrale, ou dans n'importe
quelle pharmacie des hôpitaux municipaux ou pharmacie
particulière avec laquelle il a été fait un traité préalable.
La ville a été partagée en 28 sections desservies par 18
médecins.

Dans les provinces, l'assistance, à domicile ou au bureau
de consultation des médecins payés à cet effet par la
Municipalité, est donnée comme nous venons de le dire.
Presque toutes possèdent le registre des pauvres, bien
que dans plusieurs d'entre elles cette précaution soit
superflue, car dans ces petits centres de population tout le
monde se connaît. Dans les hôpitaux, on donne des consultations gratuites pendant une heure tous les jours.

Assistance hospitaliére

La Capitale Argentine possède des établissements hospitaliers de premier ordre, où, pour gratis ou une faible
rémunération on assiste les malades qui remplissent toutes
les conditions imposées par la Direction de l'Assistance
Publique: nous en avons déjà parlé.

Les provinces ont aussi des établissements de cette espèce, dont plusieurs sont de construccion moderne, qui, par leur organisation et par leur discipline, font honneur aux populations qui les possèdent. Au nombre de ceux-ci nous devons citer celui de la capitale de Tucuman qui a de la capacité pour 300 malades, et celui de La Plata, capitale de la Province de Buenos Aires. Les provinces, de même que la capitale, ont aussi des hospices, des asiles, etc. Comme la construction et l'organisation en sont, à peu de chose près, les mêmes, nous nous bornerons à décrire ceux de la Capitale Fédérale.

Les hôpitaux de Buenos Aires sont les uns sous la dépendance de la Municipalité; les autres sont défrayés par la Nation et par la charité publique, sous la surveillance des Sociétés de bienfaisance; d'autres enfin sont soutenus par des associations d'étrangers. Nous faisons entrer aussi dans ce chapitre l'Hôpital Militaire, les hospices, les asiles et les autres établissements de semblable nature.

Mais, avant de parler de ces établissements, il convient de poser quelques considérations générales. Ils sont tous soumis à des règles d'hygiène générale et à la surveillance qui incombe à l'autorité compétente.

Le Directeur assume la responsabilité de tout ce qui concerne la discipline et la moralité; les médecins internes ou externes ont celle de leurs service respectifs.

L'admission des malades est réglementée et soumise à des conditions déterminées imposées par la Direction de l'Assistance Publique, même dans les hôpitaux particuliers. Les sujets attaqués de petite vérole, de varioloïde, de diphtérie épidémique, de coqueluche, de tuberculose, de fièvre jaune et de choléra, doivent être rigoureusement isolés, en attendant que le fait soit porté à la connaissance de l'autorité, afin qu'elle prenne les mesures nécessaires; alors ils sont envoyés à la Maison d'Isolement, s'il s'agit de petite vérole ou de quelque affection exotique, et, dans les autres cas, il faut prouver qu'à l'établissement on a procédé à l'isolement du malade et du personnel de service. Pour obtenir l'accomplissement strict de cette prescription si salutaire, l'autorité a ordonné à l'hôpital d'avoir un pavillon d'isolement et les éléments de désinfection nécessaires, en même temps qu'elle impose aux infracteurs une amende de cinq cents francs.

Hop. tal National des Cliniques—Connu autrefois sous le nom d'hôpital de Buenos Aires, il a été construit en 1881 par le gouvernement de la Province de ce nom.

En 1883, il a passé aux mains de la Nation; on y établit alors le service clinique de l'Ecole de Médecine dont il dépend directement, sous la surveillance immédiate d'une commission composée de trois académiciens de la Faculté. Un médecin –administrateur dirige la marche.

Il est situé au Nord-Est de la ville, sur un terrain élevé qui a 19,775 mètres carrés de surface. La distribution en pavillons séparés par des jardins, les conditions hygiéniques dont il jouit et les diverses cliniques qui y sont faites par des professeurs renommés, tout cela permet de le considérer comme le premier établissement de ce genre dans toute la République.

On y assiste des hommes, des femmes et des enfants de toutes les nationalîtés.

On y enseigne plusieurs matières de médecine pratique; c'est encore là ʼquʼon trouve le musée dʼanatomie pathologique et le laboratoire de bactériologie quʼon est en train de compléter et dont nous avons parlé ailleurs.

Les frais de lʼétablissement sont faits par le gouvernement de la Nation.

HÔPITAL MILITAIRE.—De construction récente, il ne laisse rien à désirer, car on y a réuni tout ce quʼil y a de nouveau et dʼutile dans cette matière. Il occupe une surface de 52,000 mètres carrés. Les pavillons, au nombre de quatorze, sont reliés par des galeries ouvertes; deux sont destinés à lʼassistance exclusive des chefs et des officiers.

Il a été achevé aux frais de la Nation, et cʼest elle qui lʼentretient.

HÔPITAUX MUNICIPAUX..—Les hôpitaux communs, qui dépendent de la Municipalité de la Capitale, sont destinés à recevoir et à assister les malades pauvres et les pensionnaires du municipe sans distinction de nationalité, sans autre exclusion que celle des sujets atteints de maladies contagieuses, pour lesquels il existe une maison dʼIsolement (Voir pag....).

Quelques-uns, celui de San Roque, par exemple, sont destinés aussi à recevoir les prisonniers malades; en ce cas, on met à leur disposition une salle spéciale où ils sont gardés par un piquet de la garnison.

Ces hôpitaux sont sous la direction dʼun médecin qui

est chargé de la partie technique, mais qui doit s'ingérer aussi dans la partie administrative; c'est par conséquent un employé supérieur qui a la responsabilité
de la morale et de la discipline, ainsi que la représentation extérieure. Le Sous - directeur, médecin aussi,
quand il y en a, comme il arrive dans quelques hôpitaux, est en même temps administrateur; dans le cas
contraire, l'administration est confiée à n'importe quel
personnage civil qui réunit les conditions voulues d'honorabilité et de moralité.

Le service des malades est fait par les médecins de
salle, chefs de clinique, pratiquants *majors* et *minors*,
soeurs de charité et infirmiers.

Toutes les branches du service technique de ces hôpitaux, ainsi que celles qui se rapportent à l'administration sanitaire, à l'assistance publique et au Département
National de Hygiène, sont pourvues au moyen du concours: cette pratique fut implantée par le docteur Ramos Mejia, quand il était directeur de la première de
ces institutions.

Tout malade, sauf les cas d'urgence et de blessures,
doit, pour entrer à un hôpital, subir un examen au bureau de consultation central; après quoi il est conduit
à l'établissement prescrit pour la maladie dont il est
atteint.

L'assistance est gratuite ou payée; dans le premier
cas, il faut être pauvre avéré et le prouver de la manière indiquée plus haut. Ceux qui ne sont pas pauvres sont soumis aux conditions suivantes: 1º Si c'est
un ouvrier d'une fabrique, entreprise, atelier, etc., il doit
présenter une note signée par le patron ou gérant par

laquelle celui-ci s'oblige à payer une piastre monnaie
nationale par jour pour l'assistance à l'hôpital 2° Si ce
n'est pas un employé, s'il n'a pas qui réponde pour lui,
il doit payer à l'entrée trente piastres, si la maladie n'est
pas chronique, et, si elle l'est, il doit payer la même
somme chaque mois.

Naturellement, les malades atteints de maladies contagieuses et les individus gravement malades trouvés sur
la voie publique ne sont pas soumis aux prescriptions
précédentes: ils reçoivent une assistance gratuite. Quant
aux fous et aux individus atteints d'affections transmissibles, voir aux chapitres—assistance des aliénés—Maison d'Isolement et Syphilicome—les conditions d'admission.

Hôpital San Roque.—Nous avons dit ailleurs que l'horrible épidémie de fièvre jaune en 1871 avait trouvé Buenos Aires complètement dépourvu en matière d'hôpitaux
et qu'elle avait également manifesté les défectuosités hygiéniques de la ville. Ce fut en cette année qu'on élargit
l'hôpital San Roque, et l'année suivante que l'on jeta les
fondements de l'hôpital de ce nom qui existe maintenant conformément aux plans du bureau municipal des
travaux publics.

Mais ce travail ne fut pas achevé dès lors; le manque
de ressources le tint arrêté pendant à peu près six années; au bout de ce temps un amant passionné de la
science hygiénique, le docteur Coni, lui donna une impulsion nouvelle et le fit terminer. L'inauguration de
l'édifice eut lieu de 12 août 1883, au milieu d'une grande
pompe et d'une foule choisie.

Depuis lors, l'hôpital San Roque a marqué chaque

année par un progrès nouveau; à présent, c'est un édifice
de premier ordre où l'on assiste hommes, femmes et
enfants. C'est l'hôpital où l'on remarque le plus de
mouvement; et, en effet, c'est le plus grand de la capitale et de toute la République.

Il est formé de pavillons reliés les uns aux autres par
des galeries fermées, et dans la cour centrale il y a un
beau jardin planté d'arbres.

Les pavillons que l'on vient de bâtir sont plus larges
et plus hygiéniques.

Cet hôpital possède comme les autres des eaux courantes et des égouts.

Hôpital Rawson.—Cet hôpital occupe une surface de
52,000 mètres. Après avoir été destiné à être l'asile des
invalides de l'armée, les besoins du municipe en ont
fait un hôpital. Jusqu'en 1890, il porta le nom d'hôpital
mixte: à cette époque, l'Intendant Seeber lui donna le
nom du docteur Rawson pour faire honneur à la mémoire de cet éminent hygiéniste argentin qui venait de
mourir.

C'est encore aujourd'hui un asile pour les invalides de
l'armée, mais il paraît que l'intendant actuel, Dr. Cané,
se propose de mettre fin au service hospitalier pour le
rendre exclusivement à sa destination primitive.

Hôpital des maladies chroniques—Jusqu'à ces derniers
temps, il y avait à l'ancien hôpital général des hommes un
service spécial affecté aux individus atteints de maladies
chroniques venant du public ou des autres hôpitaux.
Ceux-ci ont été transférés aux maisonnettes en bois parfaitement construites qu'on a établies sur un terrain élevé,
près de l'hospice des Mercedes.

Dans l'ancien hôpital général des hommes occupé, comme on vient de le dire, par des individus atteints de maladies chroniques, se trouvent actuellement installés les bureaux .de consultation et quelques autres services du Patronage de l'enfance.

Hôpital Maison d'Isolement—Voir page. 101.

Hôpital Syphilicome—Voir page. 108.

ETABLISSEMENTS HOSPITALIERS QUI DÉPENDENT DE LA SOCIETÉ DE BIENFAISANCE DE LA CAPITALE. — La Société de-bienfaisance fut fondée en 1823 sur l'initiative de Rivadavia. Elle défraye divers établissements, hôpitaux, hospices et asiles à l'aide des fonds qui lui sont fournis par la charité publique et de la subvention qui lui est assignée tous les ans par le Congrès National, dans le budget du Ministère de l'Intérieur.

Parmi les hôpitaux on trouve l'hôpital Rivadavia, l'hôpital des femmes aliénées, l'hôpital et le bureau de consultation ophtalmologique, enfin l'hôpital Saint Louis de Gonzague; parmi les asiles, la maison des enfants trouvés, celle des orphelins et des mendiants, etc. Celles-ci sont destinées, comme le nom l'indique, à donner l'hospitalité aux malades (hôp. Rivadavia), aux femmes atteintes d'aliénation mentale ou de démence, aux enfants nouveau-nés (trouvés), aux orphelins et aux abandonnés. Dans ces derniers établissements, qui sont sous la surveillance du juge des mineurs, on soigne, on élève les enfants et on leur fait apprendre un métier qui leur permettra de vivre plus tard dans l'aisance et dans l'honnêteté. (1)

_____
(1) Voir thèse du docteur Padilla, chapitre "Des enfants trouvés."

Hôpital Rivadavia—A pour destination exclusive l'assistance des femmes; sa capacité est pour trois cents lits. Il est distribué en pavillons qui communiquent entre eux au moyen de galeries fermées, entourées de jardins. Chaque pavillon est à deux étages.

Le service des salles et de la dépense est confié à 18 soeurs de charité. Les infirmières sont des femmes formées à une école fondée depuis peu sous la direction de Mademoiselle docteuresse Cécile Grierson.

Ce bâtiment a été inauguré le 27 avril 1887 ; il porte le nom de Rivadavia, ce qui est un hommage rendu à la mémoire de l'éminent homme d'état qui prit l'initiative de la Société de Bienfaisance.

Hôpital de San Luis de Gonzaga—Destiné à l'assistance des enfants; il est installé dans un local défectueux, étroit et sans ventilation. On est en train présentemen de dresser les plans d'un nouvel hôpital qui doit coûter 500.000 piastres ; cette somme est déjà disponible, grâce aux bénéfices d'une loterie autorisée pour fournir des ressources à cet effet.

Hôpital ophtalmologique—Fondé en 1876 par le distingué oculiste docteur Pedro Roberts ; il est installé comme l'hôpital San Luis de Gonzaga dans une maison particulière. Sa capacité est pour 20 lits; mais c'est au bureau externe des consultations qu'il rend de véritables services.

HOPITAUX DÉPENDANT DES SOCIÉTÉS DE BIENFAISANCE
ÉTRANGÉRES.

Hôpital anglais—Fondé en 1858; sa capacité est pour 70 lits; on vient de le restaurer. On y assiste des malades des deux sexes, gratuitement et comme pensionnaires.

Hôpital allemand—Inauguré au commencement de 1878; il est sous la dépendance d'un conseil administratif nommé tous les ans par la colonie allemande qui en fait les frais. Cet hôpital possède 60 lits; il admet des malades de toute nationalité gratis ou comme pensionnaires. Il a des appartements spéciaux pour ces derniers.

Hôpital français—Bâtiment nouvellement construit qui occupe tout un carré. (1) Il a été fondé et est défrayé par la *Société Philanthropique française* du Rio de la Plata, dans le but d'aider les Français malades, et, par extension les Belges et les Suisses qui résident dans le pays, et qui peuvent aussi former partie de l'association.

Sont admis à l'hôpital les sociétaires, un certain nombre de malades indigents fixé par le conseil de direction, et, par exception quelques pensionnaires.

La fondation de l'hôpital français date du 17 septembre 1832.

Hôpital italien—Fondé en décembre 1872, est défrayé par la Société Italienne de bienfaisance; il a de la capacité pour 200 lits. Il admet les malades des deux sexes appartenant à la colonie italienne, gratis ou comme pensionnaires.

_____

(1) Il faut savoir que la ville de Buenos Aires est divisée en carrés de 150 vares de coté, soit 129 mètres. (Note du traducteur).

Hôpital espagnol—Il occupe tout un carré; il peut recevoir commodément 200 malades. Il a été fondé le 8' décembre 1887 par la Société Espagnole de bienfaisance,
qui en fait les frais et qui en surveille la marche par
l'intermédiaire d'une commission directive.

Tous ces établissements possèdent les installations
voulues pour l'application des découvertes les plus modernes de la médecine.

Il ne faut pas oublier non plus les soins minutieux qui
président aux opérations chirurgicales.

Résumé du mouvement des hôpitaux pendant la période des cinq années, 1887-91

ANNÉES	ENTRÉES			SORTIES			DÉCÈS		
	Argentins	Etrangers	Total	Argentins	Etrangers	Total	Argentins	Etrangers	Total
1887	3382	9292	12674	2644	7953	10579	618	1002	1620
1888	3917	11006	14923	3060	9776	12836	622	1255	1877
1889	5380	13431	18811	4832	11353	16785	754	1487	2241
1890	4861	16554	21415	4027	14346	18373	806	2074	2880
1891	4862	11997	16850	4188	10810	41998	564	1374	2038

Mouvement des Hopitaux en 1892

HOPITAUX	Existence le 31 Décembre 1891	ENTRÉES		SORTIES		DÉCÈS		Existence le 31 Décembre 1892
		Argentins	Etrangers	Argentins	Etrangers	Argentins	Etrangers	
Rivadavia	232	743	976	667	913	96	78	197
Cliniques	195	518	1328	474	1169	58	141	199
San Roque	245	910	2035	800	1836	94	187	273
San Luis	72	278	92	225	95	46	6	70
Militaire	221	1969	—	1788	—	88	—	314
Italien	136	85	1596	77	1407	1	189	143
Espagnol	116	62	1122	55	1004	10	120	111
Français	60	5	506	3	462	1	47	58
Anglais	47	32	792	35	754	3	41	38
Allemand	48	9	379	17	365	1	23	40
Rawson	211	534	1403	421	1169	103	251	204
Maison d'Isolement	27	450	612	321	446	154	118	50
Syphilicome	64	312	350	309	343	2	—	72
Las Mercedes(chroniques)	98	33	142	14	67	13	42	137
Ophthalmologique	12	25	15	28	17	—	—	7
Totaux	1784	5975	11348	5234	10047	670	1243	1913

Asiles

La ville de Buenos Aires possède divers asiles destinés à recueillir les enfants qui ont besoin de la charité publique. Il y en a un pour les enfants trouvés, et d'autres pour les enfants au dessus de deux ans, où, comme il a été déjà dit, on les soigne et où on les élève de manière à les

11

mettre à même de mener une vie indépendante et utile à la société.

Dans les provinces, ces institutions n'ont pas encore acquis tout le développement nécessaire; mais le juge des mineurs a soin de placer ces enfants chez des familles honnêtes, conformément aux prescriptions de la loi. Le code pénal statue à l'article 162, que «quiconque abandonnera un enfant confié à ses soins sera passible d'un emprisonnement de trois à six mois et d'une amende de vingt à deux cents piastres.» Si l'abandon a pour conséquence la mort, l'emprisonnement sera de trois à six ans (art. 163). Les couvents et les monastères admettent aussi des enfants qu'ils se chargent d'élever et d'instruire.

Maison d'enfants trouvés—Fondée à l'époque du Vice-roi Ortiz sur l'initiative d'une dame très pieuse, dont le nom ne figure pas dans l'histoire, et de M. Riglos qui avait pris l'initiative d'une demande pour l'établissement de cette institution éminemment philanthropique, elle a passé par diverses étapes. La première commence le 7 août 1779 par l'inauguration du tour, ce mécanisme aveugle et muet, comme disait Tassani, qui n'a eu d'autre résultat que de pervertir le sens moral et d'obscurcir l'idée ainsi que le lien sacré de la famille; la seconde coïncide avec l'époque de Rosas, et se signale par le décret du 17 avril 1838 qui ordonna la clôture de la maison par suite du manque de ressources et la distribution des enfants parmi les familles qui voulurent bien s'en charger; enfin la troisième date de l'époque de sa réouverture—18 mai 1852;—le gouvernement en confia la direction à la Société de bienfaisance. Le tour a continué à fonctionner jusqu'en avril 1891; à cette date, l'Ex-président du Département National d'Hygiène, le docteur Udaondo, chargé de la surintendance de l'institution, en ordonna la clôture à cause des graves abus auxquels il donnait lieu. On ne se bornait pas à déposer au tour les enfants illégitimes; on y portait aussi les enfants légitimes, quand les parents voulaient s'épargner les soins d'une maladie ou les frais d'un décès; en outre, la facilité qu'il offrait pour se débarrasser des enfants était un encouragement au délit.

A la place du tour on a installé le bureau libre d'admission desservi par des matrones qui reçoivent tous les renseignements sous la réserve la plus sévère. (1)

Sur la façade de l'édifice on lit cette inscription en gros caractères: «On prévient les personnes, qui abandonnent un enfant aux soins de la Maison des enfants trouvés, que tous les renseignements qu'ils voudront bien fournir à cet égard n'ont pour but que le bien de l'enfant et qu'on gardera le secret le plus absolu sur cette matière».

Voici le règlement du bureau d'admission qui achève de donner une idée de la nouvelle organisation:

Art. 1er Est supprimé à la Maison des enfants trouvés le mode d'admission des enfants au moyen du tour: il est créé à la place un bureau libre sous la garantie du secret le plus absolu. Art. 2. Le bureau sera constamment ouvert de jour et de nuit. Art. 3. Il sera mis sous la direction des personnes qui, par leur moralité et leur dévouement spécial, réuniront les conditions voulues pour l'accomplissement de cette tâche délicate.

---

(1) Docteur Padilla. Maison d'enfants trouvés. Thèse d'inauguration.

Art. 4. Ces fonctions seront confiées à des dames qui se partageront à tour de rôle les heures de service, et qui pourront être suspendues immédiatement par le Médecin-directeur, dès qu'elles enfreindront les obligations imposées par le règlement. Art. 5. Le Médecin-directeur sera le surintendant du bureau; il veillera à l'accomplissement strict des dispositions règlementaires. Art. 6. L'entrée du bureau est interdite à tout le monde, sauf aux personnes qui y sont employées ou à celles qui auront une autorisation spéciale du Médecin-directeur. Art. 7. Il est absolument défendu aux employés du bureau d'adresser aux personnes qui viendront déposer un enfant d'autres demandes ou d'autres questions que celles qui se trouvent consignées au bulletin d'admission. Art. 8. Chaque fois qu'il se présentera une personne pour déposer un enfant qu'elle abandonne, celle qui sera chargée du bureau en ce moment lui donnera lecture des indications générales contenues au bulletin d'admission. Art. 9. Les dames employées au bureau prennent l'engagement de garder le secret le plus absolu sur tout ce qui rentre dans l'exercice de leurs fonctions. Art. 10. Il sera tenu un registre détaillé conformément au bulletin d'admission où seront annotées toutes les indications prescrites par le bulletin. Art. 11. Le Médecin—directeur de l'établissement se tiendra tous les jours au courant du nombre et des renseignements respectifs sur les enfants entrés dans les vingt-quatre heures. Art. 12. Seront admis les enfants jusqu'à l'âge de deux ans, sauf les cas exceptionnels. Art. 13. Des secours seront accordés à la mère pour l'aider à élever son enfant; ceci ne pourra se faire qu'après une enquête.

mais l'employé assermenté doit l'annoncer à la mère qui veut accepter ces secours.

Quant aux enfants abandonnés, ils ne seront l'objet d'aucune enquête, ni avant ni après. Art. 14. Conformément aux prescriptions de la loi du Registre Civil, le Bureau passera la liste des entrées d'enfants.

Nous reproduisons ci-contre les données statistiques qui accusent une diminution sensible dans le nombre des enfants depuis la création du Bureau libre, bien qu'elles soient très défectueuses.

La suppression du tour est, selon nous, la meilleure barrière que l'on puisse opposer aux abus inqualificables et inhumains dont se rendent coupables les mères dénaturées.

Les infanticides, les avortements ne se sont pas multipliés d'une manière alarmante; on ne saurait dire qu'ils affaiblissent la réaction produite par le Bureau libre. D'ailleurs, la police a redoublé d'activité pour découvrir les mères coupables et les complices qui sont passibles des rigueurs de la loi.

Enfants entrés

MOIS	ANNÉES 1883		1884		1885		1886		1887		1888		1889		1890		1891	
	H.	F.	H.	F.	H.	F.	H.	F.	H.	F.	H.	F.	H.	F.	H.	F.	H.	F.
Janvier......	22	20	23	15	19	29	32	30	37	30	39	42	36	43	50	31	55	46
Février......	26	16	19	20	18	22	23	26	29	25	20	29	32	41	45	35	47	48
Mars........	20	26	27	19	16	41	24	32	34	32	19	32	33	26	46	46	42	53
Avril.......	23	19	25	23	24	24	21	21	33	33	32	36	42	35	47	46	33	33
Mai.........	25	24	24	28	27	18	22	30	14	23	37	31	40	54	51	50	23	28
Juin	23	22	25	17	23	18	23	28	30	32	38	32	44	58	41	48	29	42
Juillet.....	25	22	27	19	39	23	26	25	26	29	32	35	36	46	50	43	30	35
Août........	18	22	23	26	20	25	21	32	24	36	28	27	46	56	43	44	34	29
Septembre ...	23	23	28	43	34	29	30	27	34	33	33	33	29	41	47	50	25	32
Octobre.....	18	16	25	31	24	22	34	23	37	26	51	39	38	59	46	34	30	22
Novembre....	23	27	31	30	17	28	25	29	31	31	44	40	45	34	41	43	40	36
Décembre....	22	18	25	30	23	14	34	34	34	38	25	42	30	33	47	36	24	27
Totaux des années......	268	255	302	301	284	303	315	337	363	368	398	418	451	526	554	506	412	433
	523		603		587		652		731		816		977		1060		845	

Mouvement de 1892

MOIS	Existence du mois précédent	ENTRÉES	SORTIES	DÉCÈS	Existence totale
Janvier	1627	59	18	38	—
Février........	—	53	11	28	—
Mars	—	55	23	29	—
Avril.........	—	71	15	26	—
Mai..........	—	50	17	30	—
Juin	—	68	23	46	—
Juillet........	—	65	9	33	—
Août.........	—	59	21	54	—
Septembre.....	—	73	33	38	—
Octobre	—	51	41	37	—
Novembre.....	—	47	12	40	—
Décembre	—	70	20	57	—
Totaux...	1627	726	243	456	1649

Asiles d'orphelins—La terrible épidémie de fièvre jaune de 1871, qui fit tant de victimes en si peu de temps laissa derrière elle, outre la désolation et le deuil, un grand nombre d'enfants orphelins. Dans le but de les recueillir et de leur donner une éducation, le gouvernement, aidé par la charité publique, fit bâtir un édifice spécial á l'ouest de la ville.

A Tucuman et á Salta, on vit naître des institutions analogues après les épidémies de choléra de 1886—87. On peut dire que chaque province possède un asile de cette nature, entretenu par la charité publique et sous la surveillance de sociétés de dames.

La Maison d'orphelins de la Capitale, appelée aussi Collége de la Merced, est un asile très ancien dont la fondation, d'après des renseignements dignes de foi, remonte à la fin du XVII siècle. On n'admet dans cet établissement que les jeunes filles, et on leur enseigne tout ce qu'il faut à la femme pour se rendre utile à la société et être en état de diriger le foyer dont elle doit faire le bonheur.

Indépendamment de ces asiles où l'on admet des enfants de n'importe quelle origine, la capitale possède un asile pour les enfants des militaires, de création récente.

Le but en est indiqué par le nom : il est entretenu et dirigé par une société de dames.

Asile d'Invalides—Nous avons dit ailleurs que l'édifice appelé aujourd'hui «Hôpital Rawson» avait été bâti pour servir de logement aux invalides de l'armée nationale ; mais les besoins impérieux du municipe en firent changer, en grande partie et presque en entier, la destination ; c'est à dire qu'il fallut y admettre les malades ordinaires et en faire un hôpital.

Les invalides de l'armée y sont restés au rez de chaussée, mais à l'étroit, ce qui a suggéré l'idée de leur rendre ce qui leur avait toujours appartenu.

Asile d'orphelins Irlandais et orphelinat Français—Ces asiles sont destinés à recevoir les orphelins des colonies Irlandaise et Française de la Capitale.

Nous croyons inutile de répéter qu'ils sont entretenus et dirigés par des sociétés composées de membres de leurs nationalités respectives.

Il n'est pas besoin de dire que les enfants reçoivent l'instruction nécessaire, et que ces institutions comme les autres possèdent tous les éléments, toutes les ressources voulues pour soigner les malades.

Asile de mendiants—On y admet tous les vieillards délaissés qui, pour vivre, n'ont d'autres ressources que celles
qu'ils peuvent espérer de la charité publique. L'édifice
est grand : il est situé à l'Est de la ville, à côté de la
Recoleta, sur un terrain élevé.

Asile du Bon Pasteur—Maison d'arrêt et de correction
des femmes : est sous la direction de la Société de Bienfaisance. Il n'offre rien qui mérite une mention 'spéciale, si
ce n'est les importants services qu'il rend. ·

Asile des enfants délaissés—Il existe dans la capitale,
sous le patronage de dames distinguées, deux asiles destinés à secourir les enfants délaissés des deux sexes.

A Córdoba, á Santa-Fé, á Paraná, il existe aussi des
asiles de cette espèce, dont quelques uns se font remarquer par les soins minutieux et l'éducation parfaite qu'on
y donne aux enfants.

Asiles maternels—Leur destination est de recueillir les
enfants pendant le jour, tandis que leurs parents se livrent
au travail. Ils sont analogues à ceux qu'en France on
appelle *Salles d'asile*—On y trouve en outre des bureaux de
consultation desservis gratuitement par des médecins : les
médicaments nécessités par le traitement sont aussi fournis gratis.

La Société du Patronage de l'enfance vient de créer une
institution de cette nature sur une grande échelle.

Asiles nocturnes — Indépendamment des institutions
énumérées ci-dessus, il faut compter un asile nocturne
de mineurs, fondé depuis peu de temps, où pour une
rémunération exiguë on donne l'hospitalité surtout aux
vendeurs des journaux. Cet asile est dû à l'initiative de
la Société Catholique.

Un autre asile, de fondation récente aussi, est celui qui appartient á l'Armée du Salut, où l'on ne se borne pas à donner à qui que ce soit l'hospitalité nocturne, mais où on lui donne encore à manger, des bains, &, &.

Résumé du mouvement des Asiles pendant la période de cinq ans—1887-1891 (1)

ANNÉES	Entrées	Sorties	Décès
1887............	41.704	40.729	570
1888............	71.600	70.030	473
1889............	142.392	147.743	1.173
1890............	48.704	48.096	315
1891............	20.125	19.035	706

4. Assistance des aliénés

Il n'existe dans le pays que deux établissements destinés à l'assistance des aliénés. On les trouve à la Capitale Fédérale, au Sud de la ville; ils ne sont séparés l'un de l'autre que par une distance de quelques *cuadras* (la *cuadra* a 129 mètres de longueur). L'hospice de Las Mercedes, appelé autrefois de San Buenaventura, reçoit

(1) Nous avons pris ces chiffres au Bureau Démographique municipal. La différence d'une année à l'autre est frappante.

les aliénés du sexe masculin; il est dans les attributions de la Municipalité, sous la dépendance directe de
l'Administration Sanitaire; l'autre, connu sous le nom
d'hospice des femmes en démence et destiné aux femmes aliénées, est administré par la Société de Bienfaisance.

Ces deux établissements fonctionnent depuis longtemps,
mais leur organisation réelle et rationnelle date de 1865,
ou peut-être de deux ou trois années auparavant; à cette
époque, on retira les aliénés de l'ancienne *Residencia*
annexe du vieil hôpital général des hommes fondé par
les Pères Bethlémites.

Depuis lors, cet hôpital a suivi pas à pas tous les progrès de la thérapeutique, et l'on peut dire que l'on a
assisté à la restauration complète et rapide d'un édifice
qui menaçait ruine, bien que l'oeil y soit encore choqué
par l'aspect d'une partie du bâtiment dont l'honneur
du pays et d'hygiène exigent la disparition. Le docteur
Uriarte, que en a été le premier directeur et administrateur, a mis tous ses efforts, toute sa persévérance à
organiser de la meilleure manière possible le traitement
des malades confiés à ses soins. Mais il avait à lutter
contre les difficultés provenant d'un local mal distribué
et du manque d'espace: au début de son administration,
on n'y pouvait admettre commodément que cent vingt
malades; à sa mort, on y en comptait trois cents, c'est-
à-dire trois fois plus qu'il ne pouvait en recevoir.

Actuellement, on loge à l'hôpital des Mercedes environ 800 malades, et l'établissement possède tous les
éléments les plus modernes nécessaires pour le traitement de la *psychose,* tels que douches, jeux de toute

espèce, appartements spéciaux pour les fous furieux, etc.
Les fous y sont occupés à divers métiers et à des travaux récréatifs qui donnent de vrais bénéfices, indépendamment des avantages que cette pratique fournit
comme métode curative.

Le service technique est confié à un directeur, un médecin
interne et à divers autres membres de la Faculté, qui se
distribuent le travail. Deux de ceux-ci soignent les
malades atteints de maladies communes un troisième est chargé spécialement de la chirurgie: les autres
se consacrent exclusivement au traitement de la *psychose*.

Le service subalterne est insuffisant, selon nous, car il
n'y a qu'un infirmier pour vingt-cinq personnes.

L'hospice des «femmes en démence» possède comme le
précédent toutes les ressources nécessaires. Le service
technique est complet de même que le personnel subalterne. Les femmes s'occupent de divers travaux récréatifs: il y a là, comme dans l'autre hospice, diverses sections, dont l'une est destinée exclusivement aux imbéciles,
crétines et idiotes. Actuellement, il compte environ 550
malades. Dans ces maisons de fous on ne se borne pas à
admettre les aliénés de la Capitale; on y admet aussi ceux
qui viennent des provinces et des territoires fédéraux
mais ceux-ci doivent être envoyés par leurs communes
respectives qui font les frais de l'hospitalité.

L'entrée aux maisons de fous est entourée de formalités:
il faut remplir certaines conditions comme pour entrer
dans une maison de santé particulière. L'admission peut
avoir lieu en vertu d'ordre supérieur ou être volontaire,
ou, pour mieux dire, à la demande de qui peut la faire.

Dans le premier cas, la séquestration peut être ordonnée

par la Police, la Municipalité, l'Administration sanitaire, les juges, etc.; dans le second cas, ce qu'on a appelé *entrée volontaire* se fait par la volonté des parents ou des amis de l'aliéné, mais on exige toujours un certificat médical signé par deux membres de la Faculté qui ne doivent pas être parents du malade jusqu'au troisième degré inclusivement. Ce certificat n'est valable que 48 heures après avoir été délivré.

Dans les deux établissements on reçoit des pensionnaires.

Voici les catégories que l'on trouve dans celui des hommes : Première classe, 82,66 piastres par mois ; Deuxième, 41,33 piastres ; Troisième, 28,93 ; Quatrième, 14,40, pour les membres des sociétés philanthropiques ; Cinquième, 33,06, pour ceux qui assistent et soignent les aliénés.

Il n'est pas inutile de répéter que les pauvres reconnus et les aliénés dangereux envoyés par l'autorité ne payent rien.

Résumé du mouvement des maisons de fous pendant la période de cinq années—1879-1881 (1)

ANNÉES	Entrées	Sortis guéris	Sortis en meilleur état	Sortis aliénés	Sortis fugitifs	Décès
1887............	553	152	39	55	48	123
1888.........	713	167	68	74	43	188
1889.........	886	162	110	67	81	296
1890.........	911	343	243	59	121	225
1891.........	790	188	191	82	75	237
1892.........	852	211	161	87	66	171

CLASSIFICATION DES MALADES ENTRÉS PENDANT L'ANNÉ 1892
(H. DE LAS MERCEDES)

I. Folies généralisées

Manies ... {
Excitation maniaque........ 27
Sub-aiguë................. 6
Aiguë 37
Chronique................. 6
———
76

Mélancolie {
Dépression mélancolique..... 11
Simple..................... 46
Avec stupeur............... 2
Apathique................. 1
Avec idées religieuses........ 4
— de persécutions... 17
Anxieuse.................. 3
Hypocondriaque............. 1
Alcoholique 2
Folie périodique........... 5
———
92

(1) On voit par là que les années 1889 et 90 ont fourni les chiffres les plus élevés, ce qui provient probablement des bouleversements sociaux produits par la crise et des perturbations jetées dans le bien-être des personnes. Il faut aussi tenir compte de l'immigration. Aujourd'hui même, les trois quarts des aliénés sont étrangers.

II. Folies partielles

III. Folies organiques

IV. Folies toxiques

V. Folies névropathiques

VI. Folies diathésiques

Pseudo-paralysie syphilitique............ 1

Il est entré pendant cette année à l'hospice de Las Mercedes 542 malades répartis entre les nationalités suivantes: en première ligne, les italiens (200); en deuxième ligne les argentins (131), chiffre bien inférieur à celui de l'an dernier; en troisième ligne, les espagnols (82); en quatrième ligne, les français (58); en cinquième ligne, les anglais (16).

Mouvement des hospices d'aliénés—1892

HOSPICES	Existence au 31 décembre 1891	Entrées	SORTIES					Existence au 31 décembre 1892
			Gué s	Av e amélioration	Sans amélioration	Fugitifs	Décès	
Las Mercedes....	704	542	115	80	63	62	101	826
Femmes en démence........	555	310	96	81	24	4	70	589
Totaux....	1259	852	211	161	87	66	171	1416

TROISIEME PARTIE

Renseignements divers

FACULTÉ DE MÉDÉCINE

Bien que cè ne soit pas ici précisément la place de la Faculté de Médecine, nous avons à en parler parce qu'il convient de savoir quelle est l'instruction officielle des hommes qui doivent se trouver à la tête des diverses institutions sanitaires du pays.

La fondation de l'Ecole de médecine remonte aux premières années du siècle; elle fut réorganisée à l'époque de Rodriguez et de Rivadavia; les cours, quoique assez pauvres au point de vue de l'enseignement, étaient très fréquentés. Il en sortit des médecins remarquables.

Elle continua de fonctionner pendant l'époque de Rosas, mais en ayant á lutter contre des obstacles et des irrégu-

larités graves. Après la chute du tyran on vit surgir la
Faculté des sciences médicales : celle-ci fut réorganisée en
1875 et incorporée de nouveau à l'Université ; depuis ce
temps-là, elle n'a cessé de suivre une marche ascendante,
à tel point que, par son organisation et ses éléments
d'enseignement théorique et pratique, elle peut être comparée avantageusement aux meilleures écoles d'Europe et
d'Amérique. Le premier cours inauguré après la tyrannie
fournit une promotion de treize élèves qui sortirent de la
Faculté munis de leur diplôme. Ce nombre diminua par
la suite, mais il a augmenté considérablement pendant
ces dernières années, comme on peut le voir par le tableau
ci-dessous.

Avant de commencer l'étude de la médecine proprement
dite, il faut suivre un cours préparatoire d'une année
pendant laquelle on étudie la physique, la chimie et l'histoire naturelle dans leurs applications à cette profession.
Les matières qui constituent l'enseignement des six années
sont les suivantes:

Première année—Anatomie descriptive, Histologie théorico-pratique, Chimie appliquée à la Médecine, dissection,
travaux pratiques dans les laboratoires.

Deuxième année—Anatomie topographique, Physiologie
générale et exercices cliniques, Dissections, travaux de
laboratoire.

Troisième année—Anatomie pathologique, Matière médicale et thérapeutique, Hygiène, travaux pratiques d'anatomie pathologique et de Bactériologie.

Quatrième année—Pathologie externe, Gynécologie suivie
de sa clinique, Maladies vénériennes et de la peau, Médecine opératoire ; assistance aux cliniques, Chirurgie à

l'hôpital San Roque et Gynécologie à l'hôpital des cliniques.

Cinquième année—Pathologie interne, Clinique chirurgicale, maladies nerveuses et leur clinique; assistance aux cliniques chirurgicales, ophthalmologique et médicale à l'hôpital des cliniques et à celle des maladies nerveuses à l'hôpital San Roque.

Sixième année—Médecine légale et toxicologie théorico-pratique, obstétrique et sa clinique, clinique médicale. Maladies mentales et leur clinique, travaux pratiques de toxicologie. Assistance à la clinique médicale et des enfants à l'hôpital des cliniques, à celle des maladies mentales à la maison des fous, et à la clinique des accouchements à l'hôpital Rivadavia.

Examen Général

Premier terme—Chimie appliquée à la médecine. Anatomie descriptive et topographie. Maladies vénériennes et de la peau, Pathologie externe, Physiologie générale et humaine, Clinique ophtalmologique, gynécologie, anatomie pathologique.

Dans ce terme il y a une dissection anatomique pour laquelle il est accordé deux heures au candidat, et un cas clinique d'ophthalmologie, pour l'examen duquel on donne un quart d'heure afin d'observer le malade. L'examen d'anatomie pathologique est pratique.

Deuxième terme—Pathologie générale. Matière médicale et thérapeutique, Clinique chirurgicale, histologie théorico-pratique. Médecine operatoire. Pathologie mentale.

Dans ce terme il y a deux opérations sur le cadavre, (amputation et ligature) en présence de la commission examinatrice; et un cas de clinique chirurgicale, pour l'examen duquel le candidat a un quart d'heure afin d'observer le malade

Troisième terme. — Pathologie interne. Hygiène publique et privée. Clinique médicale. Médecine légale et toxicologie. Maladies d'enfants. Obstétrique théorico-pratique. Maladies nerveuses.

Dans ce terme il y a un cas pratique de clinique médicale, dans la même forme que les examens précédents.

Quand les commissions examinatrices le jugent à propos, elles peuvent exiger un examen pratique sur n'importe quelle des matières qui figurent dans le plan d'enseignement.

Les examens généraux sont les seuls que l'on fasse subir aux médecins étrangers pour la validation de leurs diplômes respectifs.

Examen de These

Quand l'étudiant a été approuvé dans les trois termes de l'examen général, il présente sa thèse manuscrite dans la forme arrêtée par le réglement de la Faculté et l'ordonnance universitaire de Décembre 1887.

Toutes les thèses présentées au Secrétariat de la Faculté (100 exemplaires) doivent avoir le format suivant: 16 1/2 centimètres de large sur 25 centimètres de long.

Douze propositions accessoires à la fin de la thèse, qui

sont remises aux candidats par la voie du secrétariat, dès qu'elle a été expédiée favorablement par la commission de révision désignée à l'Article 158 du réglement.

Les thèses doivent porter à la dernière page le verdict de la commission de révision et l'arrêté de la Faculté qui en autorise l'impression, et à l'envers de la première page l'article 162 du règlement.

La couverture (titre) de la thèse doit être demandée au secrétariat avant d'être livrée à l'impression.

Toute thèse où il y aura des fautes sera rendue à l'in-téressé et devra être réimprimée.

Ne peut être parrain de thèse le membre de l'Académie qui fait partie de la commission de révision de cette même thèse.

ÉTUDE DE LA PHARMACIE

L'étude de la pharmacie comprend deux annees et un examen général theórico-practique. Voici les matières du cours.

Première année—Pharmacie organique, chimie pharma-ceutique, botanique supérieure.

Deuxième année—Pharmacie inorganique et pratique des opérations pharmaceutiques.

Quand l'étudiant a été approuvé dans les examens de toutes ces matières, il subit l'examen général qui com-prend deux termes. Le premier est théorique et embrasse toutes les matières du plan d'études.

Le second est pratique; l'étudiant doit en le subissant présenter six préparations pharmacologiques désignées par la commission examinatrice, lesquelles doivent être faites au laboratoire de la Faculté et en présence du professeur de pharmacie.

Les pharmaciens étrangers qui veulent faire valider leurs diplômes n'ont à subir que l'examen général des deux termes.

Pour finir et pour compléter cet exposé, nous indiquerons les conditions imposées à quiconque veut embrasser la carrière de la médecine ou de la pharmacie:

Présentation de certificats d'études préparatoires complètes, faites dans les colléges nationaux de la République.

Certificat de bonnes mœurs délivré par deux habitants de la localité où demeure le solliciteur, avec légalisation des signatures faite par le juge de paix ou l'alcalde respectif.

Certificat médical attestant qu'il jouit d'une bonne santé, et qu'il n'est atteint d'aucune maladie qui puisse l'empêcher de continuer les études auxquelles il pense sé vouer et certificat de vaccine.

Le nombre des étudiants inscrits au registre-matricule en 1890 atteignait un total général de 453, dont 396 hommes, 57 femmes, 396 argentins et 87 étrangers, répartis ainsi qu'il suit: 328 inscrits au registre-matricule et 38 étudiants libres; pharmacie, 27 inscrits au registre-matricule et 3 libres; obstétrique, 50 inscrits au registre matricule et 6 libres; odontologie, 2 inscrits. En 1891, médecine: 130 en première année; 59 en deuxième année; 73 en troisième année; 65 en quatrième année; 37 en cinquième année; 44 en sixième année; pharmacie: 50 en première année et 11 en deuxième année; obstétrique: 11 en première année et 37 en deuxième année.

Résumés de Médecine

1892

	NOMBRE D'ÉLÈVES EXAMINÉS		NOMBRE D'EXAMENS		EXCELLENTS		DISTINGUÉS		BONS		PASSABLES		REFUSÉS		OBSERVATIONS
	Officiels	L'bres	Officiels	L bres	Officiels	Libres	Officiels	L bres	Officiels	L bres	Officiels	L bres	Officiels	Libres	
1ere année.	80	—	166	—	31	—	61	—	62	—	56	—	33	—	Ceux de la colonne libres sont des examens de validation de diplômes
2me »	81	—	135	—	27	—	81	—	76	—	52	—	4	—	
3me »	48	1	135	1	12	—	40	1	47	1	33	1	1	—	
4me »	62	—	106	—	15	—	39	—	40	—	12	—	—	—	
5me »	52	—	—	—	14	—	47	—	50	—	36	—	11	—	
6me »	32	1	96	3	13	—	40	1	40	1	2	1	1	—	
Généraux.	21	35	58	89	—	1	7	2	33	19	15	45	3	22	
Thèses ...	36	—	36	—	11	—	13	—	11	—	1	—	—	—	
Totaux.	412	37	722	93	123	1	328	4	359	21	207	47	53	22	

Résumés de Pharmacie

	NOMBRE D'ÉLÈVES EXAMINÉS		NOMBRE D'EXAMENS		EXCELLENTS		DISTINGUÉS		BONS		PASSABLES		REFUSÉS		OBSERVATIONS
	Officiels	L bres	Office ls	L bres	Office ls	L bres	Office ls	L bres	Office ls	L bres	Officiels	Libres	Officiels	Libres	
1ere année	21	3	39	3	1	—	11	—	18	1	9	2	—		Ceux de la colonne libres à l'exception de deux sont des validations de diplômes.
2me »	28	1	18	1	1	—	9	—	2	—	6	1	—		
Généraux.	2	10	3	17	—	2	—	2	—	7	3	5	—	1	
Totaux...	51	14	60	21	2	2	20	2	20	8	18	8	—	1	

Résumé d'Obstétrique pour le cours d'éleves sages-femmes

	NOMBRE D'ÉLÈVES ÉXAMINÉES		NOMBRE D'EXAMENS		EXCELLENTES		DISTINGUÉES		BONNES		PASSABLES		REFUSÉES		OBSERVATIONS
	Officiels	Libres	Officiels	Libres	Officiels	Libres	Officiels	Libres	Officiels	Libres	Officiels	Libres	Officiels	Libres	
1ere année.	12	3	12	3	3	—	4	2	2	1	1	—	2	—	Celles de la colonne libres sont des validations de diplômes.
2me » .	14	—	14	—	4	—	2	—	5	—	3	—	—	—	
Généraux.	1	11	1	13	—	1	—	—	—	3	—	5	1	4	
Totaux...	27	14	27	16	7	1	6	2	7	4	4	5	3	4	

Résumés d'Odontologie

	NOMBRE D'ÉLÈVES EXAMINÉS		NOMBRE D'EXAMENS		BONS		PASABLES		REFUSÉS		OBSERVATIONS
	Officiels	Libres	Officiels	Libres	Officiels	Libres	Officiels	Libres	Officiels	Libres	
1ere année.	7	1	7	1	1	—	2	1	4	—	Ceux qui figu-rent à la colonne libres ont des va-lidations de di-plômes.
Thèse....	—	3	—	3	—	1	—	2	—	—	
Totaux...	7	4	7	4	1	1	2	3	4	—	

FACULTÉ DE CÓRDOBA

Fondée en 1882, elle a naturellement comme celle de Buenos Aires la même organisation fondamentale. L'enseignement est semblable: mêmes matières, même nombre d'années d'études.

Depuis sa fondation, cette Faculté a expédié 84 diplômes de médecins, 91 de pharmaciens, 6 de sages-femmes et 2 de dentistes; elle a validé en même temps un nombre presque égal de diplômes étrangers.

La Faculté de Cordoba a sous sa direction l'hôpital San Roque, où les étudiants suivent les cours de pratique.

Laboratoire de chimie

Les diverses substances qui entrent dans la consommation de la population de la capitale sont analysées par
le Bureau de Chimie, dont le directeur est l'éminent chimiste docteur Arata. Quelques provinces, celles qui doivent leur importance à la densité de la population et au
développement commercial, ont aussi installé un laboratoire de la même nature.

Ceux de Rosario et de Tucuman, sous la direction respective de M. M. Gomez et Lillo, peuvent rivaliser, en fait
d'organisation et de travail, avec celui de Buenos Aires,
qui est peut-être le premier de l'Amérique du Sud.

Le laboratoire de la Capitale fondé en 1875 fut fermé
peu de temps après; mais, grâce aux efforts réitérés des
docteurs Coni et Parodi, qui savaient apprécier les avantages dont une institution de cette nature faisait jouir la
population, il se rouvrit en 1883: depuis lors, il n'a cessé
de fonctionner très régulièrement et de rendre les services qu'on devait en attendre. Au commencement, le personnel était réduit; il suffisait à peine aux exigences du
moment; mais la population augmentait année par année,
on peut même dire qu'elle se doublait; il fallut alors un
plus grand nombre d'employés, et c'est ainsi qu'on arriva
à constituer le personnel qu'on y voit aujourd'hui: un
chimiste chef, un secrétaire idem, trois aides de première
classe, quatre de deuxième, deux de troisième, plu-

sieurs experts inspecteurs, chargés de réunir les échan
tillons, et d'autres employés subalternes.

L'ordonnance qui l'a créé (14 Septembre 1883), statue à
l'article 4º que le Bureau peut procéder à l'analyse des
substances, à la demande du public ou sur sa propre
initiative, en se soumettant dans les deux cas à un règlement spécial formulé par le chef et approuvé par la Municipalité. Les analyses sont quantitatives ou qualitatives,
c'est-à-dire qu'on y exprime le détail des quantités ou
substances qui composent le produit analysé, à la demande
des intéressés, lesquels doivent payer une somme déterminée par un tarif: ou bien on se borne à y exprimer la
qualité de l'article. L'article 5 de cette même ordonnance
dit: les analyses qualitatives demandées par le public afin
de connaître la bonne ou la mauvaise qualité d'un produit,
seront faites gratuitement et devront être suivies de la mention *bon, passable, mauvais, dangereux, mauvais sans être
dangereux, falsifié sans être nuisible, falsifié et nuisible.*

L'adultération des substances alimentaires est punie
d'une amende, la première fois, et cette amende est
doublée en cas de récidive; en outre, le produit falsifié
doit être détruit et le falsificateur traduit devant les
tribunaux.

L'inspection hygiénique des *tambos* (étables à vaches)
qui auparavant était faite par le Bureau, incombe aujour-
d'hui à l'inspection technique de l'Administration sanitaire, qui a à son service un corps complet de vétérinaires.

Pendant la période de cinq années (1887—1891) le
Bureau chimique a fait les analyses suivantes: (1)

(1) Ces passages appartiennent à Mr. Alberto Martinez, directeur de la Statistique Municipale. Nous les avons pris, comme beaucoup d'autres qui figurent dans ce livre, dans
'excellent travail qu'il publie tous les ans sous le nom d'*Annuaire Statistique.*

ANNEES	ANALYSES
1887	6601
1888	8058
1889	7583
1890	8889
1891	8784
Total	39.915

La classification de la plupart de analyses des substances—parce qu'il y en a beaucoup, par exemple celle de
l'eau, qui y manquent—en bonnes, passables, mauvaises
et dangereuses, pendant cette même période de cinq
années, a été représentée par les chiffres suivants:

Classification des analyses du Bureau de chimie

CHIFFRES ABSOLUS

CLASSIFICATION	1887	1888	1889	1890	1891	1887-91
Bonnes	4114	4242	4300	4990	3778	21424
Passables	968	2231	2127	2352	1779	9457
Mauvaises non dangereuses	927	1072	782	1151	2236	6168
Mauvaises dangereuses . . .	247	324	268	377	808	2024
Totaux	6256	7869	7477	8870	8601	39073

Ces données font voir que jusqu' en 1890 il existe une
progression marquée et continue dans le nombre des
substances qui, après examen, obtiennent la classification
de bonnes; mais qu'en 1891, cette progression est in-

terrompue d'une manière désavantageuse pour retomber aux chiffres les plus bas de la période.

On observe,—avec une légère différence—le même phénomène dans les substances classées comme passables, dont le total, après s'être élevé pendant les annés 1888 et 1890, s'abaisse brusquement en 1891.

Quant aux analyses des substances classées comme «mauvaises non dangereuses et mauvaises dangereuses,» on observe avec surprise que le nombre en suit une marche d'accroissement remarquable et très rapide, particulièrement en 1891 : ces résultats seraient vraiment alarmants, si l'on n'y trouvait une explication qui, loin d'inquiéter, doit tranquilliser le public et les pouvoirs municipaux.

L'enchérissement excessif des articles de consommation, et particulièrement de ceux de provenance européenne, causé par la dépréciation de la monnaie fiduciaire et l'élévation des droits de douane a donné un essor désastreux à l'habileté de tous les fabricants ou falsificateurs de produits alimentaires. La falsification des aliments dans la capitale argentine est venue poser un sérieux problème d'hygiène et de police sanitaire. L'abus est arrivé à un tel point que des établissements consacrés à la fabrication de boissons ou d'autres articles nuisibles ne craignent pas de s'exhiber en plein jour. Le Bureau chimique a dû dès lors redoubler de surveillance et multiplier les poursuites contre ces fabricants, afin de garantir la santé publique : de là le nombre excessif d'analyses avec les classifications indiquées ci-dessus, qui figurent à la Statistique de la dernière année.

Classification des analyses du Bureau chimique

CHIFFRES RELATIFS

CLASSIFICATION	1887	1888	1889	1890	1891	1887-91
Bonnes.................	65,7	53,9	57,5	56,3	43,9	55,4
Passables...............	15,5	28.4	28,4	26,5	20,7	23,9
Mauvaises non dangereuses	14,8	13,6	10,5	13,0	25,1	15,4
Mauvaises dangereuses....	3,9	4,1	3,6	4,3	9,4	5,0

CORPS MÉDICAL SCOLAIRE (1)

Cette institution, créée en 1887, commence à peine à donner les fruits qu'il fallait attendre de la part des personnes éclairées qui en sont les membres constituants. Auparavant, l'intervention médico-hygiénique dans l'instruction primaire était nulle, ou du moins elle était loin de répondre à un plan rationnel et sévèrement ordonné.

Le corps médical scolaire est chargé de veiller à l'hygiène des maisons d'école primaire et du personnel des élèves, en tant qu'il pourrait en résulter un péril pour la collectivité. Telle est, en résumé, la grande mission, si simple à première vue, qui incombe à l'institution en question, mission condamnée à l'oubli jusqu' à ces derniers temps, abandonnée dans la plupart des occasions; mais à présent, nous aimons à le dire, les membres de ce comité, au nombre de six, secondés d'une manière efficace par leur supérieur immédiat, se sont voués à cette organisation, car ils

(1) Sur l'initiative et sous la direction du docteur Coni, on fit en 1881 le premier essai d'inspection médico-hygiénique dans les écoles.

comprennent la responsabilité qui pèse sur eux, ils savent qu'ils font oeuvre de patriotisme en apportant leur concours à l'oeuvre du perfectionnement physique de la population scolaire, condamnée jusqu'alors à l'inaction forcée, contrairement aux préceptes de l'hygiène, aux principes de la physiologie, aux lois du bon sens et de la raison. Grâce à cette heureuse harmonie entre l'éducation soumise aux sévérités de la discipline et l'application particulière de l'hygiène générale, on verra les enfants dotés de l'instruction nécessaire, sans que ce soit au préjudice de leur santé.

La vieille école, qui consistait à surmener le cerveau incomplètement développé, à immobiliser les muscles en voie de formation, sur des bancs mal construits, à fatiguer la vue dès l'âge tendre par une lumière diffuse, mal distribuée, si ce n'est insuffisante, pour arriver à produire un organisme rachitique, maladif, cette école a fait son temps et a disparu de la face du pays.

Elle a été remplacée par l'école moderne, rationnelle, résultante de cette heureuse harmonie dont nous venons de parler, ce qui implique un progrès remarquable dont les conséquences ne tarderont pas à se faire sentir. Des enfants robustes et instruits, telle sera l'expression de la formule si longtemps poursuivie.

L'oeuvre commencée par le génie et l'intelligence puissante de Sarmiento est arrivée à son but, grâce à l'inspection médico-hygiénique des écoles faite d'une manière régulière et méthodique.

Le corps médical scolaire est, comme corps technique, l'assesseur du Conseil d'éducation (art. 1 du Règlement). Tous les projets et plans pour bâtiments scolaires en ce qui concerne la situation, la construction, l'éclairage, le service de latrines et des égouts, de même que les modèles des bancs, pupitres, appareils de gymnastique, etc., doivent être remis au corps médical et ne sont adoptés ou rejetés que sur l'avis de ce dernier.

L'inspection hygiénique des écoles d'enseignement primaire, publiques et particulières, se fait pendant la période d'activité, au moins une fois par mois. Le médecin, qui en est chargé, doit répondre aux questions suivantes énoncées dans un bulletin qui contient la marge nécessaire :

École Num... Rue... District...

1 Orientation...

2 Conditions hygiéniques générales...

3 Assistance moyenne des élèves...

4 Capacité cubique de chaque classe, combien de mètres cubiques d'air par élève...

5 Ventilation des salles de classe et d'études, pavé et couleur des murs...

6 Eclairage des classes, lumière latérale, supérieure ou bilatérale...

7 Dortoirs des écoles particulières; leur état hygiénique, leur capacité cubique; le nombre de lits et de mètres cubiques d'air par élève; pavé...

Indépendamment de cette inspection hygiénique et de l'intervention à effectuer dans le cas où une affection infectieuse se manifesterait parmi les élèves—en prévision de cette éventualité, le personnel enseignant a des instructions générales et doit en donner avis immédiatement—le corps médical désigne, quand il le juge à propos, un de ses membres pour procéder à l'inspection auriculaire et oculaire.

On a déjà dit ailleurs que la vaccination est obligatoire pour tous les enfants qui fréquentent les écoles publiques et particulières; c'est une condition *sine qua non* d'admission. Au moment de l'inscription au registre matricule, l'enfant doit présenter un certificat médical constatant qu'il a été vacciné. Huit ans après la première vaccination, l'enfant doit se faire revacciner, à moins qu'il n'ait eu la petite vérole dans l'intervalle (art. 46 du Règlement). Dès que le registre-matricule est fermé à chacune des périodes marquées par le Règlement général des Ecoles, le corps médical procède à une révision minutieuse des certificats de vaccination et de revaccination. Toutes les difficultés qui se présentent à cet égard sont levées par l'inspecteur : il examine l'enfant, le vaccine ou le revaccine, s'il le juge nécessaire, après en avoir donné avis aux parents, tuteurs ou aux ayant-charge.

Le personnel enseignant des écoles et les personnes attachées à ces mêmes établissements sont soumis aux mêmes exigences.

Il incombe également à l'institution de délivrer des certificats dans les cas suivants :

1º De bonne santé pour l'admission à l'exercice de l'enseignement.

2º Pour justifier les manques d'assistance à la classe pour cause de maladie.

3º Pour accorder des permissions temporaires pour les mêmes motifs.

4º Pour les demandes de retraite du personnel enseignant des écoles d'enseignement primaire à la capitale et dans les territoires fédéraux.

Actuellement, il y a dans la capitale 300 écoles et une population scolaire de 53.000 enfants.

RÉSUMÉ DU TRAVAIL FAIT PAR LE CORPS MÉDICAL SCOLAIRE
PENDANT LA PÉRIODE DE TROIS ANS, 1890-1892

	1890	1891	1892
Ecoles publiques inspectées.......	69	64	25
» particulières inspectées.....	47	89	16
» fermées par suite de maladies contagieuses.........	7	7	8
Total des jours qu'a duré la clôture de toutes les écoles........	105	94	88
Enfants vaccinés dans les écoles ...	1109	293	80
» revaccinés dans les écoles..	3305	371	104
» qui ont été revisés dans les écoles, et qui n'ayant pas besoin d'être vaccinés ou revaccinés ont reçu le certificat	7705	780	276
» Vaccinés au bureau.......	858	1073	132
Certificats pour demander des permissions..............	37	48	30
» pour justifier des absences...................	155	147	222
» pour demander pension.	11	4	19
» de santé pour être admis aux écoles............	—	29	55
Notes envoyées..................	67	58	70
» reçues	38	40	—
Rapports expédiés..............	9	9	17

Ce tableau semblerait indiquer que l'institution est en décadence, car les chiffres diminuent d'année en année. Mais il n'en est pas ainsi; l'inspection des écoles publiques et particulières concerne celles qu'on vient d'inaugurer ou celles qui pour un motif quelconque—maladie infectieuse de quelque élève, restaurations etc.—sont restées fermées pendant plus ou moins longtemps. Maintenant, si l'on veut savoir le total d'inspections, il suffit de rappeler que le règlement prescrit la visite, au moins une fois par mois.

Il faut observer aussi que l'attention s'est portée surtout sur les écoles particulières installées dans des bâtiments mal distribués presque toujours, ayant un local étroit, une lumière insuffisante et bien d'autres défauts qu'on ne peut éviter que dans des constructions spécialement destinées à cet objet. Ce n'est pas là ce qui arrive dans les écoles publiques qui réunissent toutes les conditions exigées par l'art moderne. Ces magnifiques édifices méritent le nom de palais.

Ils peuvent rivaliser en beauté et en commodité avec leurs meilleurs similaires du monde entier. Ils contribuent pour une bonne part à l'éclat esthétique de la Capitale. Le mobilier, qui constitue avec l'air et la lumière «le trépied sur lequel doit reposer l'école moderne» a appelé d'une manière spéciale l'attention du corps médical scolaire. Désormais, on ne peut ouvrir une école sans qu'elle remplisse largement toutes les exigences pour lesquelles il existe un modèle, un type.

Le conseil d'éducation a statué qu'il y aurait pour chaque enfant un volume d'air de 5 mètres cubes et une surface de 1 mètre; mais le corps médical croit que pour les externes qui sont dans des salles ventilées et qui ont d'heure en heure une sortie de dix minutes, c'est assez de 4 mètres cubes et d'une suface de 0,80 mètres. Quant au maître, il dispose d'une surface de 1,20 mètres.

Si l'on étudie ce même tableau, on y remarque en
core que le nombre des vaccinations et des revaccinations dans les écoles et au bureau a diminué; mais ceci
trouve son explication dans cette circonstance, que cette
prophylaxie est en train de se généraliser de plus en
plus dès l'âge de la première enfance. Ce qui confirme
cette assertion, c'est, dans ce même tableau, le chiffre
des certificats soumis à une révision par le bureau
parce qu'ils étaient l'objet de quelques doutes.

L'inspection médico-hygiénique des écoles dans les
provinces est faite dans la même forme et avec d'égales exigences par un médecin nommé à cet effet, qui
se trouve sous la dépendance de la Municipalité ou du
Conseil scolaire de la localité.

Corps de Santéde la Flotte et Corps de Santé de l'Armée

Deux institutions anciennes, qui, jusqu'à présent et
malgré les efforts de leurs directeurs, n'ont pu être or-
ganisées de la manière voulue pour rendre les services auxquels elles étaient destinées. Il y a eu bien des
inconvénients à vaincre, et il en reste encore sur le
chemin à parcourir avant d'atteindre le but. Le principal défaut se trouve dans la loi de création ainsi que
dans la rémunération exiguë assignée aux membres

qui les composent; et cependant celle-ci est doublée quand ils sont en campagne.

Les médecins, de même que les pharmaciens des deux corps, ont un grade militaire qui les assimile à ceux de la même catégorie.

Quand ils sont de service, ils doivent porter l'uniforme; celui-ci est de la même forme et du même drap que l'uniforme des militaires, mais avec des cordonnets noirs.

A la tête du corps de santé de la flotte se trouve, en qualité de chef, un vieux serviteur du pays, le docteur Mallo, qui a fait des études spéciales sur l'hygiène navale et militaire.

En prenant possesion du poste qu'il occupe aujourd'hui le docteur Mallo l'a doté d'une organisation nouvelle et lui a donné une impulsion vigoureuse. L'avancement a lieu par droit d'ancienneté; pour entrer dans le corps, il faut être citoyen Argentin, et être muni du diplôme de docteur en médecine ou en chirugie, conféré ou validé par une des Facultés nationales.

Chaque navire possède son médecin et son pharmacien: tous deux sont soumis à une règlementation spéciale. Indépendamment des installations pour pharmacie, infirmerie et les annexes d'hygiène navale, le Département National d'Hygiène vient d'émettre un voeu communiqué par lui au ministère respectif, sur la nécessité de doter d'une étuve de désinfection chaque vaisseau, ou du moins les plus grands, qui font des voyages fréquents aux pays où regnent des épidémies. La santé à bord ne laisse jamais rien à désirer, probablement grâce à l'organisation de fer des équipages, comme l'a fait observer le docteur Biedma, grâce encore à la propreté et au régime suivi.

Nous en avons une preuve toute récente: deux vaisseaux qui venaient d'Europe et qui ont touché à Rio de Janeiro n'ont pas été atteints de l'infection, et cependant peu en échappent.

S'il n'y avait les affections vénériennes et les traumatismes, le médecin n'aurait guère à faire, pour ne pas dire rien du tout.

L'organisation du corps de santé de l'armée ou militaire se trouve dans le même cas. Le chef qui la dirige depuis longtemps, le docteur Damianovich, a vu sa bonne volonté se briser contre de graves obstacles, tels que le manque de médecins dans les conditions du règlement qui soient disposés à accompagner les troupes en campagne pour des honoraires si mesquins. Sur n'importe quel point du pays, un membre de la Faculté trouve les moyens de vivre commodément, sans s'exposer aux fatigues et aux dangers des marches à travers les déserts et les montagnes. Néanmoins, nous avons la satisfaction de pouvoir dire que l'institution est présentement sur le point de compléter son organisation.

Les marins et les soldats de la garnison, atteints de maladies plus ou moins graves, sont assistés à l'hôpital militaire dont nous avons parlé précédemment. Les différents services ne laissent rien à désirer; le service de chirurgie militaire, qui est une véritable spécialité, se trouve dans les mains habiles d'un jeune membre de la Faculté, le docteur Decoud.

Il nous semble inutile d'ajouter que le service militaire de campagne est toujours prêt à se mettre en marche: ambulances, grandes tentes pour improviser des hôpitaux, remèdes topiques pour la première cure, etc.

Tout récemment, le docteur Mallo a soumis au gouvernement un projet d'école de médecine militaire. Les élèves, subventionnés par l'Etat dans le cas où ils manqueraient de ressources, suivraient les cours de la Faculté pendant les sept années d'usage; mais ils iraient compléter leurs études par des cours spéciaux faits à l'hôpital militaire sur l'hygiène, la chirurgie, etc., car il faut dire que ces matières s'y présentent sous un aspect bien différent. Le soldat, qui vit dans les casernes, a besoin d'une alimentation spéciale; ses coutumes sont différentes de celles du public, et ses ruses pour s'exempter du service sont curieuses; ses affections sont particulières, enfin ses blessures sont également particulières. Cette même école aurait en outre l'avantage, comme le disait l'auteur du projet, d'éviter l'animosité qui règne entre le militaire, qui a conquis ses galons un à un, et son semblable qui d'un seul coup en a obtenu plusieurs, bien que de couleur distincte, mais avec la supériorité que confère le nombre. De cette manière un élève de la future école commencerait par être cadet; il atteindrait avec les galons voulus le grade de médecin de bataillon, à la fin de sa carrière, et ensuite, grâce au temps et à son mérite personnel, il obtiendrait de l'avancement, conformément à une règlementation qui viendrait en temps et lieu.

Provision d'eau

La qualité de l'eau en usage chez les divers peuples est si intimement liée à la santé publique et individuelle que nous avons cru convenable de consacrer quelques mots à la nature et à la distribution de cet indispensable élément de vie, de cet agent sanitaire de premier ordre, ainsi qu'on l'a appelé.

L'eau, en usage à Buenos Aires, provient du Rio de la Plata, où elle est prise au moyen d'une tour et d'un tunnel situés en face de Belgrano, à plus de 1500 mètres du rivage. Elle est filtrée à l'établissement de la Recoleta et envoyée ensuite aux dépôts distributeurs. Le réservoir que l'on vient d'achever, rue Córdoba, et dont les travaux avaient été commencés en 1887, est immense: il a la capacité suffisante pour suppléer, dans l'état actuel des choses, à tous les défauts du service. A la perfection dans tout ce qui concerne le placement des tuyaux, les machines et la qualité des matériaux employés, il unit une beauté remarquable. C'est un édifice qui fait honneur au pays: il donne la mesure du désir qui anime l'autorité de mettre à la portée du plus grand nombre de maisons possible l'inestimable bienfait d'un élément assi essentiel pour les mille besoins de l'existence.

Le tableau que nous donnons plus bas fait connaître le nombre de kilolitres d'eau, ainsi que celui des maisons qui disposent de ce service de 1887 à 1892.

On observera que la consommation de l'eau a augmenté de même que le nombre des maisons qui la reçoivent, par suite de l'obligation de construire des égouts domiciliaires sur une grande étendue du municipe. Il en résulte une diminution dans le nombre des pipes prises par les porteurs d'eau. Celui des clefs d'incendie n'a pas été augmenté depuis 1889.

SERVICE DE LA PROVISION D'EAU DE LA VILLE DE BUENOS AIRES

Année	Eau consommée — Kilolitres	Maisons servies	Porteurs d'eau	Pipes prises par les porteurs d'eau	JETS D'EAU		Clefs d'incendie
					de tuyau	de sceau	
1887...	4.998,703	11,600	200	—	14	—	116
1888...	5.895,036	13,074	199	489,606	14	8	1,264
1889...	6.941,166	16,197	197	445,074	14	8	3,774
1890...	9.289,591	18,364	190	396,252	15	—	3,774
1891...	13.045,766	24,055	190	415,430	16	—	3,774

PROVISION D'EAU EN 1892

MOIS	Kilolitres d'eau consommés	Maisons servies	Pipes fournies	Clefs d'incendie
Janvier	1600206	23714	31771	3774
Février	1397506	24000	31630	3774
Mars	1411125	24311	24688	3774
Avril	1326954	24367	20688	3774
Mai	1269999	24709	23540	3774
Juin.............	1200338	25125	21810	3774
Juillet	1324113	25526	21420	3774
Août............	1344774	25898	19730	3774
Septembre	1469209	26369	51250	3774
Octobre..........	1691844	26885	22430	3774
Novembre........	1716255	27391	21950	3774
Décembre........	1889115	28699	29910	3774
Totaux.......	17641438	28699	320817	3774

Quant à la qualité de l'eau, il y a eu plusieurs fois des discussions très sérieuses à ce sujet, mais en fin de compte il a été établi qu'on peut la considérer comme bonne. Le Bureau chimique Municipal et le Laboratoire bactériologique sont tenus d'en faire de fréquentes analyses et d'appeler l'attention sur sa qualité chaque fois qu'ils le jugent nécessaire.

Certaines capitales de province jouissent du bienfait des eaux courantes; les autres ont de l'eau de citerne ou de puits. L'analyse des échantillons est faite au bureau chimique de la localité, quand il y en a, et, dans les cas contraires, ils sont envoyés au bureau sanitaire annexé au Département National d'hygiène.

Travaux de Salubrité

Nous aurions désiré pouvoir nous étendre sur ce point si important de la vie des cités, véritable problème qui se pose devant tous les esprits qui aspirent à prévenir les fléaux et à mettre les habitants en possession de leur entier développement physique; mais le manque de temps ne nous permet pas de le faire: nous devons nous borner à une légère revue de l'état où ces travaux se trouvent actuellement, et des sacrifices que le pays a dû s'imposer pour les entreprendre et pour les continuer, sacrifices dont on ne tardera pas sans doute à ressentir les bienfaisants résultats.

Voilà bientôt quarante ans que Buenos Aires a commencé l'étude du problème, et il est sur le point d'en atteindre la solution.

Nous avons déjà vu comment il fait son approvisionnement d'eau; nous avons décrit à grands traits les travaux les plus importants; il faut à présent voir ce qu'elle devient après qu'on en a fait usage, et aussi ce que deviennent les résidus de la population.

Voici ce que comprennent les travaux de salubrité: les égouts domiciliaires qui ramassent les détritus charriés par l'eau, les bouches de décharge pour les eaux de pluie dans les rues, et enfin les grands conduits d'évacuation pour porter les matières en question à plus de vingt-cinq kilomètres de distance.

Toutes les maisons comprises dans le périmètre du réseau sont tenues d'avoir des égouts que les propriétaires doivent construire à leurs frais, après approbation préalable des plans par le bureau respectif, et sous la surveillance immédiate de celui-ci. A cet effet, il existe une règlementation sur l'inclinaison du terrain, les chambres ainsi que sur leur dimension, le calibre et la qualité des tuyaux, réglementation à laquelle doivent se soumettre strictement les constructeurs, sous peine d'amende et de l'obligation de refaire le travail aux conditions exigées.

Les propriétaires qui ne construisent pas les égouts dans le terme fixé à chaque section, doivent payer une amende qu'on augmente progressivement et proportionellement au temps écoulé, et finalement les travaux sont exécutés par le bureau aux frais de l'intéressé, sous la garantie de la propriété.

Les résidus des maisons, de même que les eaux pluviales, tombent aux égouts de la rue, dans le périmètre indiqué, lequel est partagé en vingt-neuf sections avec un nombre équivalent de chambres régulatrices. La chambre régulatrice est située au point le moins élevé de chaque section ou district; elle a pour fonction de séparer l'excédent de l'eau de pluie qui va à la rivière; tandis que le reste, c'est-à-dire les détritus des maisons, des rues et de la côte, l'eau provenant des pluies légères, continue sa route par les collecteurs secondaires et va déboucher dans le principal collecteur.

L'inclinaison du terrain imprime un mouvement constant à la matière *cloacale*, excepté sur certains points plus bas que la ville, où des machines puissantes la soulèvent et la déversent dans ses conduits naturels.

La ventilation est faite par des appareils spéciaux placés aux carrefours, sur des puits cylindriques avec revêtement de briques et dotés d'un petit escalier de fer qui permet de descendre jusqu'à l'égout. C'est par là que s'opère le dégagement des gaz méphitiques, qui sans cela rendraient impossible ou dangereuse l'inspection des conduits, sans compter les accidents et la détérioration qui seraient occasionnés par un excès de tension. Il y a quelques années, il se produisit une explosion de cette nature, au Sud de la ville, à cause de la non-filtration des gaz.

Il y a encore dans chaque maison un échappement de gaz s'opérant au moyen d'un tube de fer qui part de la chambre antérieure et monte jusqu'à la terrasse.

· Les bouches de décharge, au nombre de huit dans chaque île de maisons, au bord du trottoir, ont surtout pour fonction de recevoir l'eau de pluie des rues: chacune d'elles est dotée d'une chambre pour intercepter les gaz et les matières solides ou semi-solides qui pourraient obstruer la lumière des conduits. Le curage de cette chambre est fait, périodiquement et aux heures avancées de la nuit, par des charrettes spéciales.

Des machines d'une grande puissance placées sur divers points ont pour fonction de pousser le courant et de lui faire franchir les obstacles (siphons du Riachuelo, machines élévatrices) pour le mener à sa déstination, à la hauteur de la station Berazategui (au Sud de la ville), à plus de huit mètres au dessous du sol et à 500 mètres environ de la côte, dans la rivière.

La rapidité du courant est telle que l'on peut supposer qu'il parcourt tout le trajet en dix heures, c'est-à-dire que la matière charriée ne reste que ce temps-là dans les égouts depuis le point de départ jusqu'au point d'arrivée.

La construction, l'exploitation d'un service aussi important est sous la direccion d'une commission composée de plusieurs membres, ingénieurs, médecins et avocats, présidée par un ingénieur d'une rectitude bien connue, Mr. Villanueva. Cette commission, qui a des fonctions propres et bien délimitées par plusieurs lois et décrets, se trouve à son tour sous la dépendance du ministère de l'Intérieur, quant au côté administratif; quant à la partie technique, on peut dire qu'elle est autonome, indépendente; car c'est elle qui juge et décide dans la plupart des cas, et, pour les autres, le ministère lui doit un appui absolu.

Actuellement, Buenos Aires possède 44.000 maisons dont 24.000 se trouvent comprises dans le périmètre du

réseau *cloacal;* la moitié de celles-ci jouit du service complet, l'autre moitié à peine n'a que l'eau courante.

A la date de mai 1890, il existait 1.074 égouts reliés;
depuis cette époque le nombre s'est augmenté graduellement, au point d'atteindre, en décembre de la même année,
le chiffre de 2.287. En 1891, on en a relié 4.349, et la rivière
a reçu 6.115.680 kilolitres de matières cloacales. En 1892,
ce chiffre a été grandement surpassé, comme on l'a vu,
grâce à l'obligation formelle de faire construire les égouts.

Patronace de l'enfance

Le docteur Coni, directeur de l'Assistance Publique, cet
homme qui a rendu tant de services au pays, prit, au
mois de Mai 1892, l'initiative d'une réunion de plusieurs
personnes qui fondèrent, sous les auspices du Gouvernement municipal, l'association du nom ci-dessus, association dont nous donnons plus loin les détails et le décret
de création.

Quinze jours après sa fondation, les diverses sections
qui la composent entrèrent en fonction, et depuis lors
elles n'ont cessé de se perfectionner, à tel point qu'on
peut affirmer que cette institution humanitaire marque
par un progrès nouveau chaque jour de son existence.

C'était un devoir de l'autorité municipale, et elle l'a
affronté avec un plein succès, de veiller sur le sort des
enfants nécessiteux, pour en prévenir la considérable
mortalité, pour en faire des hommes robustes et utiles à
la société.

Le décret, auquel nous avons fait allusion, donne une idée achevée du but que se propose le Patronage de l'enfance: c'est pourquoi nous n'entrons pas dans de plus longues considérations.

Cette institution a pour objet:

1º De faire sentir l'action de son patronage sur les enfants pauvres, malades, défectueux, maltraités, moraement abandonnés etc. etc. de la Capitale de la République;

2º De surveiller à l'aide d'inspecteurs spéciaux l'allaitement dans la classe pauvre, et surtout de l'allaitement mercenaire en le soumettant à une règlementation déterminée à cet effet;

3º De faire des enquêtes, aussi complètes que possible, sur les conditions dans lesquelles se trouvent les enfants pauvres (alimentation, vêtements, habitation, instruction, éducation, etc.) pour arriver à leur fournir la protection voulue, en centralisant à cet effet les efforts des diverses sociétés charitables qui exercent leur action bienfaisante dans la Capitale;

4º De répandre parmi les familles pauvres ou ouvrières des notions élémentaires d'hygiène à l'usage de l'enfance, par des opuscules mis à la portée du peuple, et indépendamment des instructions pratiques qui leur seront données par les inspecteurs de l'institution;

5º De règlementer le travail de la femme dans l'industrie, ce qui est un moyen de favoriser indirectement les enfants;

6º D'encourager la création de petits asiles de maternité pour secourir et assister les femmes pauvres pendant les derniers mois de leur grossesse et au moment

de leur accouchement, ainsi que de crèches pour y recueillir et y alimenter pendant la journée les enfants
de moins de deux ans, tandis que les mères se livrent
à leurs occupations habituelles; d'asiles maternels, semblables au petit nombre de ceux qui sont défrayés par
la Société des Dames de Charité; de jardins d'enfants
etc. etc.

7º De faire établir dans les maisons de santé de la
Capitale, comme dépendance de ces asiles, des écoles
pour les imbéciles, les idiots etc., afin que ces malheureux ne continuent pas à rester comme jusqu' à présent dans l'état le plus complet d'abandon intellectuel;

8º De travailler à la création d'un institut d'aveu-
gles et d'une école pour les bègues et autres enfants
qui aient des vices ou des défauts de langue;

9º D'aider par les moyens à sa disposition l'inspection hygiénique et médicale des écoles publiques et
particulières, qui fonctionnent actuellement comme service dépendant du Conseil National d'éducation;

10º De porter de préférence son attention sur les enfants débiles, scrofuleux, rachitiques, etc., en attendant
qu'on puisse établir un hospice maritime destiné à cette
asistance (1).

11º De favoriser, dans les quartiers pauvres, la création
de dispensaires pour les enfants malades, analogues à
ceux de France; de manière à réserver l'hôpital San Luis
et les salles pour l'enfance, dans les autres établissements

---

(1) On vient de faire l'acquisition d'un terrain à cet effet.

hospitaliers, aux affections graves, ou aux personnes absolument privées de ressources, de famille et de soins;

12° De règlementer et d'exercer une surveillance active sur le travail des enfants dans les industries, à l'aide d'inspecteurs spéciaux, pour empecher l'excès de labeur, l'influence nuisible de quelques unes d'entre elles, etc.;

13° De se charger de la tutelle des enfants maltraités ou qui se trouvent en danger moral; sont considérés comme tels:

1 Ceux qui sont victimes de mauvais traitements physiques, habituels ou excessifs;

2 Ceux qui, par suite de la négligence coupable de leurs parents, sont habituellement privés des soins indispensables;

3 Ceux qui ont contracté l'habitude de la mendicité, du vagabondage et du libertinage;

4 Ceux qui sont employés à des métiers dangereux pour eux;

5 Les enfants moralement abandonnés.

Seront considérés comme étant en danger moral:

1 Les enfants dont les parents sont notoirement d'une conduite mauvaise et scandaleuse;

2 Les enfants dont les parents ont l'habitude de l'ivrognerie;

3 Les enfants dont les parents vivent de la mendicité;

4 Les enfants dont les parents ont été condamnés pour crimes, et

5 Les enfants dont les parents ont été condamnés pour vol, outrage aux bonnes mœurs etc.

14º De favoriser la création de sociétés protectrices de
l'enfance dans les diverses paroisses du municipe, en leur
donnant une origine populaire et en leur accordant
tout le concours moral et matériel nécessaire;

15º De constituer un fond commun formé des ressources accordées par le budget, les subventions, donations et
legs du public.

Cimetiéres

Considérant que ce sujet est intimement lié au but que
nous poursuivons dans ce travail, nous lui avons consacré
un chapitre spécial, où nous avons rassemblé toutes les
dispositions générales prises à cet égard dans la capitale
et dans les provinces.

Il existe dans la Capitale: le cimetière du Nord, celui de
la Chacarita, celui du Sud, celui des dissidents, celui de
Flores et celui de Belgrano. Indépendamment de ce mode
de destruction des cadavres, il y a la crémation à la Maison
d'Isolement. (1)

Cimetière de la Chacarita—Ce lieu de sépulture, situé
à l'Ouest de la ville, à 9 kilomètres de distance, a été établi
le 24 Décembre 1867; son étendue était alors de cinq hec-
tares; elle a été portée successivement à 734.035 mètres
carrés. Il est appelé à devenir, avec le temps, le grand et
unique cimetière de la Capitale.

---

(1) V. Destruction des cadavres dans l'Annuaire de Médecine Vol. 11 pag. 130.

Pour le construire, on s'est conformé aux règles prescrites par l'hygiène pour cette espèce d'établissements.

D'après le plan, cette nécropole est divisée en 16 sections
rectangulaires, dont la dimension varie entre 56^m 30 et
51^m 30 de côté. La plus petite compte de 2000 à 2500
sépultures. Il existe, en outre, un grand espace destiné
aux sujets morts de maladies épidémiques. Les rectan-
gles des différentes sections sont désignés par des lettres
et divisés en sépultures qui ont 2^m 50 de surface. Les
grands et petits espaces, au nombre de 95, sont circulaires,
et leurs diamètres varient entre 20 et 80 mètres. Pour le
transport des cercueils à l'intérieur du cimetière, on a
construit un chemin de fer portatif, système Decauville,
qui doit s'étendre peu à peu au fur et à mesure des exigences déterminées par l'accroissement de la population.

Au côté opposé à l'entrée, se trouve un bâtiment où l'on
doit installer un four crématoire. Enfin, le centre du
cimetière sera occupé par une chapelle funèbre; les sections destinées aux sectes dissidentes, seront également
pourvues de chapelles. Depuis le 24 décembre 1867, date
de l'ouverture du servie publice, jusqu'au 31 décembre
1891, il a été inhumé dans ce cimetière 123.976 cadavres,
de la manière suivante:

Jusqu'au 31 Octobre 1888...............	9.122
Depuis cette date: Novembre 1888......	817
Décembre 1888......	835
Année 1889...........................	9.881
» 1890......:...................	11.677
11 mois de 1891	9.554
Total.........	32.764

Cimetière du Nord (Recoleta). —Situé au Nord-ouest de la ville, il a environ 48 ares de surface. Sa fondation date du commencement du siècle. Un arrêté municipal défend d'y construire de nouvelles sépultures et d'y ensevelir les cadavres des individus morts de maladies contagieuses.

Cimetière du Sud.—Le service en a été de très courte durée; ouvert peu d'années avant l'épidémie de 1871, celleci le remplit de ses cadavres et il fut fermé bientôt après.

Cimetière de Belgrano et de Flores.—A cause de la grande distance qui sépare ces paroisses des lieux de sépulture, chacune d'elles défraye deux cimetières, qui existaient déjà avant l'annexion de ces localités à la Capitale fédérale en 1887.

Cimetière des dissidents.—Fondé il y a une soixantaine d'années sur un terrain situé au Sud-ouest de la ville, il se trouve aujourd'hui au centre d'un quartier populeux; c'est pourquoi la Municipalité en a ordonné la clôture.

Il nous semble inutile de dire que chaque ville, chaque centre de population, possède aujourd'hui son lieu de sépulture; quelques uns en ont même davantage, en raison de leur importance et de leur situation. Les provinces, flagellées par la dernière épidémie de choléra, ont été obligées d'en installer uniquement pour ce motif, qui ont été fermés ensuite.

La règlementation en est plus au moins semblable: il y est établi comme clause première que les cimetières doivent être communs à toutes les croyances; on y trouve des niches, des fossses, des appareils de crémation et des cendriers. Les fosses doivent avoir une profondeur de 1ᵐ50 au moins, et être séparées les unes des autres par une distance de 0.20ᵐ.

Les cadavres doivent être enveloppés simplement d'un linceul ou enfermés dans des cercueils de pin blanc garnis de toiles ou peints. Au fond de la fosse on doit mettre une couche de 0.10ᵐ de chaux et une autre au dessus du cerceuil.

Les cadavres déposés [dans les niches, provenant de maladies communes, doivent être mis dans des cercueils de bois dur doublés de zinc et remplis de chaux.

On ne peut procéder à l'inhumation sans la permission du Bureau du Registre civil, qui la donne sur la présentation du certificat médical; elle ne peut avoir lieu que douze heures au plus tôt et trente six heures après le décès, au plus tard, à moins de dispositions contraires des règlements policiers ou municipaux, dans certains cas dé terminés, où l'on pourrait soupçonner un crime ou une maladie de nature à intéresser l'état sanitaire.

Crémation—La Capitale est, pour ainsi dire, le seul point du pays où la destruction des cadavres par ce procédé se fasse avec quelque régularité. Nous en avons déjà parlé. Nous consignerons ici quelques chiffres.

Au cimetière de La Plata il existe un four crématoire. Nous ne sachons pas qu'il y en ait d'autre dans le reste du pays.

CRÉMATIONS EFFECTUÉES A LA MAISON D'ISOLEMENT,

DE 1886 A 1891

MOIS	1886	1887	1888	1889	1890	1891
Janvier........	—	369	156	127	237	128
Février.......	—	83	110	144	158	106
Mars.........	—	31	104	134	178	129
Avril.........	—	36	108	112	177	125
Mai..........	—	69	117	142	254	116
Juin	—	100	95	162	196	112
Juillet........	—	69	112	170	284	20
Août.........	—	41	79	181	233	22
Septembre.....	—	29	48	190	136	12
Octobre	—	34	99	208	132	2
Novembre.....	134	59	89	274	116	14
Décembre	337	83	94	264	132	20
Totaux...	471	1003	1211	2108	2233	824

INCINÉRÉES L'AN 1892

Maison d'Isolement (1)

MOIS	HOMMES	FEMMES	TOTAL
Janvier........	10	7	17
Février.......	3	6	9
Mars.........	11	6	17
Avril.........	7	9	16
Mai..........	15	1	16
Juin	12	4	16
Juillet........	12	4	16
Août.........	20	6	. 26
Septembre.....	22	11	33
Octobre	15	2	17
Novembre.....	13	10	23
Décembre	15	9	24
Totaux...	155	75	230

(1) Ces crémations ne représentent que les cadaves de cet établissement.

BIBLIOGRAPHIE

———

Assistance Publique et Assistance Sanitaire.—Arrêtés municipaux, ordonnances, mémoires sur l'organisation interne, etc.

Bruland Victor.—Importation de la petite vérole en 1842.

Cobos J. M.—Le choléra à Mendoza.

Coni E. M.—Progrès de l'hygiène dans la République Argentine.

Coni E. M.—Code d'hygiène et de médecine légale.

Département National de l'Hygiène. — Lois, décrets, arrêtés sur la création, règlementation de ses diverses branches, mécanisme interne, etc.

Lozano N. — Prophylaxie internationale des maladies exotiques.

Martinez A. B.—Annuaire Statitisque de la ville de Buenos Aires, 1891. Tome I.

Martinez Rufino P.—Aperçu sur la législation sanitaire argentine.

Meza J.—Mémoires sur la vaccination.

Padilla T.— Annuaire de médecine et de pharmacie, 1892.

Padilla T.—La maison des enfants trouvés.

Pena José.—Le choléra.

»   »   —La petite vérole

Susini T.—Mémoire sur la convention sanitaire internationale de Rio de Janeiro.

Valdez A.—Mémoires et règlements du corps médical scolaire.

Divers.—(Podestá, Aberastury, Martinez, Pena). Patronage et assistance de l'enfance.

TABLE DES MATIÈRES

PAGES

CPSIA information can be obtained
at www.ICGtesting.com
Printed in the USA
BVHW041129290119
538945BV00010B/160/P